Cambridge Plain Texts

DANCOURT

LES BOURGEOISES
A LA MODE

T0346124

DANCOURT

LES BOURGEOISES
A LA MODE

CAMBRIDGE
AT THE UNIVERSITY PRESS
1937

CAMBRIDGE UNIVERSITY PRESS
Cambridge, New York, Melbourne, Madrid, Cape Town,
Singapore, São Paulo, Delhi, Mexico City

Cambridge University Press
The Edinburgh Building, Cambridge CB2 8RU, UK

Published in the United States of America by Cambridge University Press, New York

www.cambridge.org
Information on this title: www.cambridge.org/9781107613607

First published 1937
Re-issued 2013

A catalogue record for this publication is available from the British Library

ISBN 978-1-107-61360-7 Paperback

NOTE

DANCOURT (Florent Carton) was born of noble parents at Fontainebleau, in 1661. His father, a recent convert to Roman Catholicism, sent his son to be educated by the Jesuits at their college in Paris. Resisting all attempts to enrol him in the Company of Jesus, Florent became first an *avocat*, and later an actor at the Comédie Française. His wife, Thérèse de la Thorillière, with whom he eloped in 1680, played with him in comedy, to the delight of the public. In 1685 Dancourt, now the *orateur* of the troupe, produced his first play, an agreeable trifle called *Le Notaire obligeant*. It was well received and from that moment the author rose from strength to strength. For thirty-three years, he wrote comedies for the *troupe royale*, protected and even befriended by Louis XIV who was impressed by Dancourt's intelligence and his dignity of speech and manner. Dancourt's theatre, which embraces some fifty plays, mirrors the society of his time. Every profession and condition is represented—nobles, bourgeois, millers, peasants, gamblers, courtezans, stock-jobbers and sundry other persons who engage in the making and stealing of money. His picture of manners, if we allow for that exaggeration which is inseparable from dramatic satire, is remarkably vivid and true. An *actualiste*, Dancourt reflects the average public opinion of his day upon the topical events and types which inspired such works as *La Désolation des Joueuses* (1687), *Le Chevalier à la Mode* (1687), *Les Bourgeoises à la Mode* (1692), *Le Moulin de Javelle* (1696), *Le Retour des Officiers* (1697), and *Les Curieux de Compiègne* (1698),

the mere titles of which give some inkling of
Dancourt's versatility.

In one respect he is unique. We must thank him
for revealing to us in plays like *Les trois Cousines*
and *La Maison de Campagne*, that unknown land
which lay eastwards of Paris and her salons. I mean
the sunlit, wooded Gâtinais. For the first time in
the history of the French stage we glimpse the village
life of France. In comedies redolent of the soil,
Dancourt shows us a Merrie France in which,
against a background of slowly turning windmills,
of snug coppices and well-stocked farm-yards, real
country lasses flirt with the loutish, yet cunning,
peasant lads. And the author, as much at home in
the village tavern as in his beloved *Cornemuse* at
Paris, slips easily from the fashionable jargon of the
bonne compagnie into the rough dialect of Seine et
Marne.

Dancourt's last years were sad. Obsessed by
religious scruples, he retired from the stage in 1718,
to the hamlet of Courcelles-le-Roi. Like Racine,
he turned to pious works and even wrote a religious
tragedy, never published. "Lorsqu'il se sentit malade
et proche de sa fin," says Niceron with unction,
"il fit son tombeau dans la chapelle de son château
et l'alla voir lui-même avec toute la tranquillité et
la fermeté d'une âme absolument détachée des choses
d'ici-bas et qui n'aspire plus qu'aux biens célestes
et éternels." He died on 7 December, 1725.

F. C. G.

LES BOURGEOISES A LA MODE

COMÉDIE EN CINQ ACTES

REPRÉSENTÉE POUR LA PREMIÈRE FOIS
LE 15 NOVEMBRE 1692

PERSONNAGES

M. SIMON	*notaire*
ANGÉLIQUE	*femme de Monsieur Simon*
M. GRIFFARD	*commissaire*
ARAMINTE	*femme de Monsieur Griffard*
MARIANNE	*fille de Monsieur Simon*
LISETTE	*fille de chambre d'Angélique*
MADAME AMELIN	*marchande*
LE CHEVALIER	*amoureux de Marianne*
FRONTIN	*intrigant*
M. JOSSÉ	*orfèvre*
JASMIN	*laquais d'Angélique*

La scène est à Paris, dans le logis de M. Simon.

ACTE PREMIER

SCÈNE PREMIÈRE

LE CHEVALIER   FRONTIN

LE CHEVALIER. Eh bien! Frontin, as-tu donné mon billet à Lisette?

FRONTIN. J'arrive comme vous, je n'ai encore vu personne; mais j'ai appris en ville une très fâcheuse nouvelle.

LE CHEVALIER. Quelle nouvelle? De quoi s'agit-il?

FRONTIN. Il faut quitter ce pays-ci.

LE CHEVALIER. Et la raison?

FRONTIN. Il s'y forme un orage épouvantable.

LE CHEVALIER. Comment?

FRONTIN. On a fait de mauvais rapports à la justice.

LE CHEVALIER. A la justice! Que veux-tu dire?

FRONTIN. Ce jeune homme à qui vous gagnâtes, l'autre jour, ces deux mille écus qu'il venait de toucher pour faire cette compagnie de cavalerie...

LE CHEVALIER. Eh bien!

FRONTIN. Il est fâché de les avoir perdus.

LE CHEVALIER. Tu me dis là une belle nouvelle! Eh! qui en doute?

FRONTIN. Ce n'est pas tout: il a eu l'indiscrétion de s'en plaindre.

LE CHEVALIER. Tant pis pour lui!

FRONTIN. Tant pis pour vous!... car on informe.

LE CHEVALIER. Que cela ne t'embarrasse point, je me tirerai bien d'affaire.

FRONTIN. Écoutez, vous menez une vie diablement libertine, franchement.

LE CHEVALIER. Cela commence à me fatiguer, je te l'avoue.

FRONTIN. Nous sommes furieusement décriés dans Paris.

LE CHEVALIER. Si le dessein que j'ai peut réussir, je réparerai cela quelque jour.

FRONTIN. Il n'y a presque plus que cette maison où vous ne soyez pas tout à fait connu.

LE CHEVALIER. Il faut tâcher d'en profiter.

FRONTIN. C'est bien dit: attrapons encore ces gens-ci, et faisons grâce au reste de la nature.

LE CHEVALIER. La petite fille de Monsieur le notaire chez qui nous sommes, l'aimable et jeune Marianne, est un des meilleurs partis qu'il y ait à Paris.

FRONTIN. Et sa belle-mère, Madame la notaire, une des plus grandes dépensières qu'il y ait au monde: il ne lui manque que de l'argent.

LE CHEVALIER. C'est une femme de fort bon sens, qui aime les plaisirs, le jeu, la compagnie; et, depuis deux jours, je me suis avisé de lui persuader de donner à jouer chez elle, pour avoir occasion d'y venir plus souvent, et pouvoir entretenir Marianne de la tendresse que j'ai pour elle.

FRONTIN. Cela est fort bien imaginé. Mais, Monsieur le notaire, que dira-t-il de cela?

LE CHEVALIER. Lui? c'est un bonhomme qui n'a presque pas le sens commun.

FRONTIN. Cependant, il n'a pas le goût mauvais; il est amoureux d'Araminte, comme vous savez.

LE CHEVALIER. De la femme du commissaire?

FRONTIN. Justement. C'est moi qui suis le confident de cette affaire.

LE CHEVALIER. Ne le voilà pas mal adressé: Araminte et sa femme sont intimes amies.

FRONTIN. Cela ne gâtera rien; au contraire, si elles ont de l'esprit, elles profiteront de l'aventure. Et pour vous, si vous en usez bien avec moi, car enfin nous nous connaissons, comme vous savez, il faut être bon prince; nous tâcherons de vous faire épouser Marianne. Voici déjà votre billet que je vais donner à Lisette. Allez, cependant, songer à faire taire ce petit homme aux deux mille écus. Dans l'affaire où vous allez vous embarquer, une aventure d'éclat ne vaudrait pas le diable.

SCÈNE II

FRONTIN, *seul*

L'heureuse chose que d'être né avec de l'esprit! Oh! pour cela, Monsieur le chevalier est un des premiers hommes qu'il y ait au monde. Le jeu, les femmes, tout ce qui sert à ruiner les autres, est ce qui lui fait faire figure; et tout son revenu n'est qu'en fonds d'esprit. Patience, je ne dis mot; mais, ma foi, s'il ne fait ma fortune avec la sienne, je gâterai bien ses affaires.

SCÈNE III

FRONTIN   LISETTE

LISETTE. Ah! ah! c'est toi? Bonjour, Frontin.

FRONTIN. Bonjour, Lisette. Ta maîtresse est-elle habillée?

LISETTE. Oui, mais c'est une grande merveille, et nous n'avons pas coutume d'être si diligentes.

FRONTIN. Eh! sais-tu bien qu'il est près de midi?

LISETTE. Cela ne fait rien. Comme nous ne nous couchons que le matin, nous ne nous levons que le soir ordinairement.

FRONTIN. Et vous vous promenez toute la nuit?

LISETTE. Oh! cela va bien changer. Monsieur le chevalier a conseillé à Madame d'établir ici, avec Araminte, de petites parties de plaisir et de jeu. Nous ne sortirons plus si souvent, et dans le fond, il y a quelque raison. Il vaut mieux recevoir chez soi compagnie, que de l'aller chercher en ville.

FRONTIN. Et le mari sait-il quelque chose de ce dessein?

LISETTE. Non, pas encore. Mais quand cela sera, ne le verra-t-il pas bien sans qu'on lui dise? C'est un homme qui n'est pas tout à fait le maître, comme tu sais.

FRONTIN. Bon! pour faire la femme de qualité, on dit que ta maîtresse le fait quelquefois passer pour son homme d'affaires?

LISETTE. Le grand malheur! Est-ce ici la seule maison de ta connaissance où les maris ne sont que les premiers domestiques de leurs femmes?

FRONTIN. Il y a mille bourgeoises dans ce goût-là.

LISETTE. Il n'est rien tel que de mettre les gens sur un bon pied.

FRONTIN. Oh! diable, pour bien dresser un mari, tu es la première fille du monde!

LISETTE. Venons au fait. Qu'est-ce qui t'amène ici?

FRONTIN. Bien des choses. J'y viens de la part d'Araminte, de celle de Monsieur le chevalier, et de la mienne.

LISETTE. Comment, de la tienne?

FRONTIN. Oui, mon enfant, j'ai une impatience terrible de devenir ton premier domestique.

LISETTE. Rien ne presse encore. Veux-tu parler à Madame?

FRONTIN. Oui, vraiment, comme laquais d'Araminte, j'ai un billet à lui rendre.

LISETTE. Eh bien! viens, tu n'as qu'à me suivre.

FRONTIN. Eh, attends! attends! Comme valet de chambre de Monsieur le chevalier, j'ai des affaires sérieuses à te communiquer.

LISETTE. Comment donc, tu te mêles de bien des métiers, à ce qu'il me semble?

FRONTIN. Il est vrai, je suis le garçon de France le plus employé. Valet de chambre de l'un, laquais de l'autre, grison de celle-ci, espion de celle-là. Je fais tout avec une discrétion admirable. Dans la plupart des aventures dont je me mêle, je suis presque toujours pour et contre; je conduis quelquefois les affaires de la femme et celles du mari tout ensemble. Je sais toujours tout, et ne dis jamais rien, et je ne cherche qu'à faire plaisir à tout le monde.

LISETTE. Voilà un fort joli caractère: mais, dis vite, qu'as-tu à me faire savoir de la part du chevalier?

FRONTIN. Qu'il est amoureux de Marianne.

LISETTE. De Marianne?

FRONTIN. Oui, d'elle-même; et il m'a chargé de te la demander en mariage.

LISETTE. En mariage? à moi!

FRONTIN. Est-ce que tu ne sais pas que pour épouser des filles de bourgeois, ce n'est pas aux pères que des jeunes gens de condition s'adressent à présent?

LISETTE. Non.

FRONTIN. Non vraiment, cela était bon autrefois; mais aujourd'hui les manières sont bien différentes: on prend seulement l'aveu de la petite fille; on tâche d'avoir l'agrément de la fille de chambre, et quand on ne peut plus cacher la chose, on en informe la famille.

LISETTE. Cela est de fort bon sens. Monsieur le chevalier a-t-il expliqué son amour?

FRONTIN. Ses yeux ont tâché de se faire entendre.

LISETTE. Eh bien!

FRONTIN. Ceux de Marianne n'ont rien compris: mais pour rendre la chose plus intelligible, voilà un petit billet que tu es priée de lui faire lire.

LISETTE. Très volontiers.

FRONTIN. Nous en aurons bientôt réponse?

LISETTE. C'est ce que je ne sais point; Marianne n'est pas souvent avec sa belle-mère. Monsieur le notaire, qui est bourgeois depuis les pieds jusqu'à la tête, ne veut pas que sa fille prenne les manières de sa femme, et nous n'avons point avec elle tout le commerce qu'elle voudrait bien avoir avec nous.

FRONTIN. Voici ta maîtresse.

SCÈNE IV

ANGÉLIQUE   FRONTIN   LISETTE

ANGÉLIQUE. Il n'est encore venu personne? Ah! te voilà? Que veux-tu, Frontin?

FRONTIN. Vous rendre un billet d'Araminte, Madame. (*à Lisette*) Songe à celui de Monsieur le chevalier.

LISETTE. Ne te mets pas en peine.

ANGÉLIQUE, *après avoir lu*. Voilà qui est bien. Puisqu'elle doit venir, il n'y a point de réponse, je la lui ferai moi-même.

SCÈNE V

ANGÉLIQUE   LISETTE

ANGÉLIQUE. Lisette?

LISETTE. Madame.

ANGÉLIQUE. Mon mari est amoureux d'Araminte!

LISETTE. Lui, Madame! serait-il possible?

ANGÉLIQUE. Elle me l'écrit.

LISETTE. Et vous n'êtes pas plus intriguée?

ANGÉLIQUE. Intriguée? Par quelle raison? Cette femme est de mes amies, et tu sais que je ne suis pas jalouse.

LISETTE. Vous avez raison, la jalousie est une passion bourgeoise, qu'on ne connaît presque plus chez les personnes de qualité.

ANGÉLIQUE. Fi! cela ne mérite pas seulement que l'on y fasse attention! Parlons d'autre chose.

Sais-tu bien que je commence à me repentir de m'être laissé persuader de donner à jouer chez moi?

LISETTE. Et comment donc? Quoi, vous ne savez jamais ce que vous voulez! Mort de ma vie, vous êtes bien plus femme qu'une autre!

ANGÉLIQUE. Oh! ne me querelle donc point, je te prie, tu me mettrais de mauvaise humeur.

LISETTE. Eh comment! ne vous pas quereller? Il ne tient qu'à vous d'être parfaitement heureuse: belle, jeune, bien faite, spirituelle, vous êtes aimée de tous ceux qui vous voient, et vous avez le bonheur de n'aimer personne que votre mari, que vous n'aimez guère; vous êtes sans aucune passion dominante, que celle de vos plaisirs; vous avez en moi une fille dévouée à tous vos sentiments, quelque déraisonnables qu'ils puissent être, et vous ne cherchez qu'à troubler la tranquillité de votre vie par des inégalités perpétuelles!

ANGÉLIQUE. Que veux-tu que je te dise? je suis dans des situations qui ne me plaisent point du tout.

LISETTE. De quoi vous plaignez-vous?

ANGÉLIQUE. De quoi je me plains? N'est-ce pas une chose horrible que je ne sois que la femme d'un notaire?

LISETTE. Oui, et d'un notaire qui s'appelle Monsieur Simon encore: cela est chagrinant, je vous l'avoue, et vous n'avez ni l'air, ni les manières d'une Madame Simon.

ANGÉLIQUE. N'est-il pas vrai que j'étais née pour être tout au moins marquise, Lisette?

LISETTE. Assurément. Mais aussi, Madame, ne faites-vous pas comme si vous l'étiez?

ANGÉLIQUE. Non vraiment, ma pauvre Lisette, je n'ose médire, de personne, je ne puis risquer la moindre petite querelle avec des femmes qui me déplaisent. Je suis privée du plaisir de me moquer de mille ridicules. Enfin, Lisette, quand on a de l'esprit, il est bien fâcheux, faute de rang et de naissance, de ne pouvoir le mettre dans tout son jour.

LISETTE. Eh! pourquoi vous contraindre? Qui vous retient? Abandonnez-vous toute à votre génie, commencez par donner à jouer, recevez grand monde; il y a mille bourgeoises des plus roturières qui n'ont point d'autre titre pour faire les femmes de conséquence.

ANGÉLIQUE. Eh bien! n'en parlons plus, Lisette, c'en est fait, me voilà déterminée.

LISETTE. Nous avons déjà dans nos intérêts un commissaire, Madame, le mari d'Araminte; et ce n'est pas peu de chose à Paris, pour des joueuses de profession, que la faveur d'un commissaire!

ANGÉLIQUE. Ne comptons point trop là-dessus: le mari d'Araminte est un homme fort extraordinaire, et qui n'aime point à faire plaisir à sa femme.

LISETTE. Il n'importe, je veux vous ménager sa protection, moi, laissez-moi faire. Ce qui m'embarrasse le plus, c'est que nous ne sommes pas bien en argent comptant.

ANGÉLIQUE. Et que je ne sais quel tour faire à mon mari pour en attraper; l'affaire de mon diamant l'a déjà mis dans une colère épouvantable.

LISETTE. Il commence pourtant à croire que vous l'avez, en effet, perdu, et il me semble que nous pourrions à présent risquer de le vendre?

ANGÉLIQUE. Point du tout, il a fait courir des billets chez les orfèvres.

LISETTE. Eh bien! mettons-le en gage, Madame›
c'est de l'or en barre.

ANGÉLIQUE. Je suis trop lasse des usuriers.

LISETTE. Vous avez pourtant l'air d'en avoir
encore longtemps affaire.

SCÈNE VI

ANGÉLIQUE   LISETTE   JASMIN

JASMIN. Madame Amelin, votre marchande de
modes...

LISETTE. C'est de l'argent qu'elle vous demande.

ANGÉLIQUE. Je n'en ai point à lui donner.

LISETTE. Comment faire?

ANGÉLIQUE. Il me prend envie de lui en emprunter,
Lisette: elle est fort riche, cette Madame Amelin.

LISETTE. Lui en emprunter! vous n'y songez pas?

ANGÉLIQUE. Pourquoi non? c'est une commission
que je te donne.

LISETTE. A moi, Madame?

ANGÉLIQUE. A toi-même. Voilà ce diamant que
mon mari croit perdu, tu as de l'esprit...

LISETTE. J'ai de l'esprit? Mais Madame Amelin...

ANGÉLIQUE. Elle aura intérêt de me faire trouver
de l'argent pour être payée.

LISETTE. La voici.

SCÈNE VII

ANGÉLIQUE   MADAME AMELIN   LISETTE

ANGÉLIQUE. Eh! bonjour, Madame Amelin, il y
a mille ans que je ne vous ai vue, et cependant je
suis sur vos parties.

MADAME AMELIN. Oh! Madame, ce n'est pas là ce qui m'amène ici.

LISETTE. Bonjour, Madame Amelin.

ANGÉLIQUE. Combien vous dois-je, Madame Amelin?

MADAME AMELIN. J'ai là vos parties, Madame, si vous vouliez bien prendre la peine...

ANGÉLIQUE. Volontiers, je n'aime point à devoir. (*elle lit*) *Premièrement, pour avoir garni l'épaule gauche de Madame*... Vous vous moquez, Madame Amelin, ce n'est pas là mon mémoire?

MADAME AMELIN. Je vous demande pardon, Madame: c'est celui d'une comtesse dont je ne puis tirer d'argent. Je lui ai, depuis six mois, fourni trois paires de hanches, il n'y a pas moyen que j'en sois payée!

LISETTE. Ce sont pourtant là les choses qu'on devrait payer comptant, pour ne pas faire crier les marchands.

MADAME AMELIN. Voilà votre mémoire, Madame.

ANGÉLIQUE. Voyons? *Pour l'idée d'une coiffure extraordinaire.* Ah! je me reconnais à la coiffure; mais votre mémoire est furieusement long: vous croyez que je lirai tout cela, Madame Amelin? je suis trop paresseuse!

MADAME AMELIN. Voyez seulement le total, Madame, s'il vous plaît?

ANGÉLIQUE. *Somme totale: trois cent dix livres.*

LISETTE. Il n'y a que trois cent dix livres! En vérité, Madame, il vous en coûte bien peu pour être mieux mise que les autres!

ANGÉLIQUE. Lisette, allez dire à mon homme

d'affaires qu'il vous donne trois cent dix livres;
dépêchez... N'entendez-vous pas? trois cent dix
livres... cela est-il si difficile à comprendre!

LISETTE. Non, Madame, je comprends fort bien;
trois cent dix livres.

ANGÉLIQUE. Eh! bien, puisque vous comprenez,
cela suffit: allez vite.

LISETTE. Voilà de l'argent bien comptant pour
Madame Amelin!

SCÈNE VIII

ANGÉLIQUE   MADAME AMELIN

ANGÉLIQUE. Le commerce que vous faites, vous
donne bien de la peine, Madame Amelin?

MADAME AMELIN. Oui, Madame, et l'on ne gagne
pas grand'chose, comme vous voyez.

ANGÉLIQUE. La pauvre femme! Vous faites
quelquefois des pertes considérables?

MADAME AMELIN. Il m'est dû plus de dix mille
livres, dont je n'aurai jamais dix pistoles.

ANGÉLIQUE. La pauvre femme! Vous avez beaucoup d'enfants, Madame Amelin?

MADAME AMELIN. Je n'ai qu'un grand garçon,
qui me fera mourir de chagrin, je pense.

ANGÉLIQUE. Comment donc?

MADAME AMELIN. Je ne sais où il prend de l'argent;
mais il est toujours avec de belles dames: il joue avec
de grands seigneurs, et il dit à tous ceux qui me con-
naissent que je ne suis que sa mère nourrice.

ANGÉLIQUE. En vérité Voila? un mauvais petit
caractère.

MADAME AMELIN. Hélas! Madame, c'est comme
tout le monde est aujourd'hui. On veut paraître ce
qu'on n'est pas, et c'est ce qui perd bien de la jeunesse.

ANGÉLIQUE. Elle a raison.

MADAME AMELIN. A cela près, Janot est bon
garçon, et je ne puis m'empêcher de l'aimer.

ANGÉLIQUE. Elle parle à merveille. Adieu, Madame
Amelin, une petite affaire m'oblige à vous quitter;
Lisette va vous apporter votre argent.

MADAME AMELIN. Madame, je vous suis bien
obligée.

SCÈNE IX

MADAME AMELIN, *seule*

Ah! que voilà une brave dame! Ne se pas donner
seulement la peine de lire des parties! Si toutes les
autres étaient comme elle, j'aurais bientôt de quoi
faire rouler un bon carrosse.

SCÈNE X

LE CHEVALIER   MADAME AMELIN

LE CHEVALIER. Je ne sais si Lisette aura déjà
donné à Marianne le billet...

MADAME AMELIN. Miséricorde, que vois-je!

LE CHEVALIER. Ah! ciel!

MADAME AMELIN. Je ne me trompe point, c'est
Janot! Eh! mon cher enfant, que viens-tu faire ici?

LE CHEVALIER. Quelle rencontre!

MADAME AMELIN. Comme le voilà brave! Tu as
beau faire, Janot! je suis ta mère, et quoique tu sois

un méchant enfant, bon sang ne peut mentir, je t'aime toujours, Janot! Mon pauvre Janot!

LE CHEVALIER. Il ne me pouvait arriver une aventure plus cruelle!

MADAME AMELIN. Qu'il a bonne mine! Mais est-il possible que j'aie fait ce garçon-là?

LE CHEVALIER. Vous perdez toutes mes affaires.

MADAME AMELIN. Comment! quelles affaires, Janot?

LE CHEVALIER. Eh! ne m'appelez point ici de ce nom, je vous en conjure!

MADAME AMELIN. Quoi! qu'est-ce à dire? N'es-tu pas mon enfant? Ne voudrais-tu pas que je t'appelasse Monsieur? Écoute, je sais les contes que tu fais, tu as honte de m'appeler ta mère?

LE CHEVALIER. Non, je vous aime, je vous respecte; mais si vous me faites connaître ici, vous ruinez les plus belles espérances du monde.

MADAME AMELIN. Quelles espérances?

LE CHEVALIER. Un mariage considérable... Nous ne sommes point en lieu de nous expliquer.

MADAME AMELIN. Mon cher enfant!

LE CHEVALIER. Eh! de grâce...

MADAME AMELIN. Mais, dis-moi donc...

LE CHEVALIER. J'irai chez vous dans un moment vous informer de toutes choses.

MADAME AMELIN. Ah! qu'il y aura de gens fâchés dans le quartier, si c'est tout de bon que Janot fait fortune!

LE CHEVALIER. Voici quelqu'un, contraignez-vous, et ne me trahissez point, je vous prie.

SCÈNE XI

LE CHEVALIER   MADAME AMELIN
LISETTE

LE CHEVALIER. Eh! bonjour, ma pauvre Lisette.

LISETTE. Comment donc, vous êtes seul, Monsieur le chevalier?

MADAME AMELIN, *à part.* Monsieur le chevalier!

LE CHEVALIER. Ne sachant à qui m'adresser, en t'attendant, j'allais faire connaissance avec Madame.

MADAME AMELIN, *à part.* Le joli garçon! Il est effronté comme un page!

LE CHEVALIER. Qui est cette femme, Lisette?

LISETTE. C'est une espèce de marchande, qui fournit des modes à Madame.

LE CHEVALIER. Frontin t'a-t-il donné un billet?

LISETTE. Oui, mais je n'ai point vu Marianne.

LE CHEVALIER. Ah! juste!

MADAME AMELIN, *à part.* Qu'il entend bien cela!

LISETTE. Ne voulez-vous pas voir Madame?

LE CHEVALIER. Ma vie et ma fortune sont en tes mains, ma chère Lisette.

LISETTE. Entrez, entrez, je vous en rendrai bon compte.

MADAME AMELIN, *à part.* Comme il les attrape!

LE CHEVALIER. Adieu, Madame.

MADAME AMELIN. Monsieur, votre très humble servante.

SCÈNE XII

MADAME AMELIN   LISETTE

MADAME AMELIN. Voilà un aimable gentilhomme.

LISETTE. Il vous revient assez, à ce qu'il me semble?

MADAME AMELIN. J'aime les gens de qualité, c'est mon faible: ils ont toujours de petites manières qui les distinguent, et l'on fait bien son compte avec eux, n'est-il pas vrai?

LISETTE. Le bon temps est passé, Madame Amelin: les gens de qualité n'ont point aujourd'hui d'argent de reste. Voilà Madame, par exemple...

MADAME AMELIN. Eh bien?

LISETTE. Elle ne vous doit que trois cent dix livres...

MADAME AMELIN. Eh bien?

LISETTE. Eh bien, il n'y a pas de fonds pour vous les payer.

MADAME AMELIN. Qu'est-ce à dire, il n'y a pas de fonds pour trois cent dix livres?

LISETTE. C'est une malice de notre homme d'affaires, qui n'aime point à donner de l'argent.

MADAME AMELIN. La vilaine chose qu'un homme d'affaires!

LISETTE. Vous êtes bien heureuse que ce ne soit pas un intendant, vous attendriez bien davantage.

MADAME AMELIN. Mais Madame joue quelquefois, et quand elle gagne...

LISETTE. Oh! quand elle gagnerait mille pistoles, elle aimerait mieux mourir que d'en acquitter la moindre dette: c'est une chose sacrée que l'argent du jeu ; diantre, ce sont des fonds pour le plaisir, où l'on ne touche point pour le nécessaire !

MADAME AMELIN. Comment ferons-nous donc?

LISETTE. Si vous étiez femme d'accommodement, Madame Amelin...

MADAME AMELIN. Eh bien?

LISETTE. Madame a besoin de cent louis, elle vous doit trente pistoles, faites-lui prêter six cents écus, elle vous paiera vos trois cent dix livres.

MADAME AMELIN. L'accommodement est admirable ! Vous vous moquez de moi, je pense?

LISETTE. Non, je ne me moque point. Voilà un diamant de trois cents pistoles qu'on vous donnerait pour nantissement ; voyez si le parti vous accommode.

MADAME AMELIN. Un diamant? Ah ! c'est autre chose. Et quand lui faut-il cet argent?

LISETTE. Dans le moment même, si cela se peut.

MADAME AMELIN. Passez chez moi dans un quart d'heure, et apportez la bague, vous trouverez votre argent tout compté. Adieu, Mademoiselle Lisette.

SCÈNE XIII

LISETTE, *seule*

Adieu, Madame Amelin. Nous aurons donc de l'argent comptant, et nous donnerons à jouer, Dieu merci. Tout se dispose à merveille pour ma petite fortune... La passion du chevalier... l'humeur de ma maîtresse, qui ne songe qu'à ruiner son mari... elle achète cher, vend à bon marché, met tout en gage... je suis son intendante... Voilà comme les maîtresses deviennent soubrettes, et comme les soubrettes deviennent quelquefois maîtresses à leur tour.

ACTE DEUXIÈME

SCÈNE PREMIÈRE

ANGÉLIQUE   LE CHEVALIER

ANGÉLIQUE. Mais, quelle distraction, chevalier?
Vous paraissez embarrassé, vous me répondez sans
faire attention à ce que vous me dites.

LE CHEVALIER. Je songe à la passion de Monsieur
votre mari pour Araminte, Madame.

ANGÉLIQUE. S'il était un peu moins vilain, et
qu'Araminte eût l'esprit...

LE CHEVALIER. Pour l'esprit d'Araminte, j'ose
quasi vous en répondre; et malgré l'avarice de votre
époux, si vous n'étiez point un peu trop intéressée
dans les dépenses qu'il pourrait faire...

ANGÉLIQUE. Intéressée dans ses dépenses, moi?
Qu'on le ruine, chevalier, pourvu que j'en profite,
je n'y prendrai d'autre intérêt que celui de partager
ses dépouilles.

LE CHEVALIER. En vérité, Madame, vous êtes
une femme de bon esprit!

ANGÉLIQUE. Cela nous mettrait en fonds pour
l'établissement du jeu que nous voulons faire.

LE CHEVALIER. Vous avez raison.

ANGÉLIQUE. Que vous veut Frontin?

SCÈNE II

ANGÉLIQUE   LE CHEVALIER   FRONTIN

LE CHEVALIER. As-tu quelque chose à me dire?

FRONTIN, *bas au chevalier*. L'affaire des deux mille écus va mal, Monsieur, on décrète.

ANGÉLIQUE. Que dit-il?

LE CHEVALIER. Je ne sais, Madame. Veux-tu parler haut?

FRONTIN. Monsieur...

LE CHEVALIER. Eh bien! Monsieur.

FRONTIN. Je vous dis, Monsieur, que...

LE CHEVALIER. L'impertinent! quelqu'un m'attend au logis, n'est-ce pas?

FRONTIN. Oui, Monsieur, justement, deux marquises, une comtesse, un partisan, trois abbés, autant de fainéants, ce commis de la douane, et ce petit épicier, sont au logis qui vous attendent.

LE CHEVALIER. Ce maraud-là fait toujours mystère de rien! Ce sont des gens qui me persécutent, Madame, pour savoir quand on commencera à jouer chez vous.

ANGÉLIQUE. Allez vite leur dire que nous ouvrirons demain sans faute, chevalier.

LE CHEVALIER. Mais, Madame...

ANGÉLIQUE. Ne faites point façon de me laisser seule, je ne serai pas longtemps sans compagnie.

SCÈNE III

ANGÉLIQUE   JASMIN

ANGÉLIQUE. Holà! Jasmin.

JASMIN. Que vous plaît-il, Madame?

ANGÉLIQUE. Qu'on dise à Marianne de descendre.

JASMIN. Son maître de clavecin est avec elle.

ANGÉLIQUE. Lisette ne revient point de chez Madame Amelin; cette folle d'Araminte me fait attendre. La fatigante chose que le moindre moment d'inquiétude!

SCÈNE IV

ANGÉLIQUE   LISETTE

ANGÉLIQUE. Ah! te voilà, tu as bien tardé.

LISETTE. C'est l'impatience d'avoir de l'argent, qui vous a fait trouver le temps si long.

ANGÉLIQUE. M'en apportes-tu?

LISETTE. Madame Amelin a pris ses trois cent dix livres: voilà ce qui reste des six cents écus.

ANGÉLIQUE. Prenons bien garde que mon mari ne soupçonne rien de tout ceci, Lisette.

LISETTE. Que vous êtes bonne, Madame!

ANGÉLIQUE. Je lui épargne ces sortes de petits chagrins autant qu'il m'est possible.

LISETTE. Et cependant il se plaint encore.

ANGÉLIQUE. Tous les hommes en sont logés là, ce sont des animaux grondants que les maris.

LISETTE. Que vous les définissez bien!

ANGÉLIQUE. Je les connais: le mien me divertit

quelquefois avec son humeur bourrue, et je voudrais qu'il lui prît envie de quereller aujourd'hui, pour me désennuyer.

LISETTE. C'est un plaisir qu'il est facile de vous faire avoir, et je me charge de cela, moi.

ANGÉLIQUE. Des coiffes, Lisette, une écharpe.

LISETTE. Où allez-vous donc?

ANGÉLIQUE. Je vais dépenser de l'argent, puisque j'en ai. J'ai besoin de mille choses, des tables, des cornets, des dés et des cartes. Il faut de tout cela dans une maison où l'on veut recevoir compagnie.

LISETTE. Nous allons donc bien nous réjouir?

ANGÉLIQUE. Le mieux du monde. J'attends Araminte; je veux qu'elle m'aide à faire toutes mes emplettes.

LISETTE. Vous n'attendrez pas longtemps, la voici.

SCÈNE V

ANGÉLIQUE   ARAMINTE   LISETTE

ARAMINTE. Eh! bonjour, mon aimable petite.

ANGÉLIQUE. Ma chère bonne, comment te portes-tu?

ARAMINTE. Comme une femme qui n'a pas dormi depuis vingt-quatre heures.

LISETTE. Vous voilà pourtant bien éveillée.

ANGÉLIQUE. Qui a donc troublé ton repos?

ARAMINTE. Ne t'alarme point ce n'est pas ton mari, je ne l'aime pas, au moins.

ANGÉLIQUE. Tu as fait une belle conquête, et je t'en félicite!

ARAMINTE. Il ne tient qu'à moi de le ruiner, tout son bien est à mon service.

LISETTE. Eh! mort de ma vie, prenez toujours à bon compte; il n'y a point de mal à ruiner un mari, quand sa femme partage les revenants-bons de l'aventure.

ARAMINTE. Qu'il ne sache pas que vous êtes mes confidentes, je vous prie!

ANGÉLIQUE. Je n'abuserai pas de ton secret. A quoi as-tu passé la nuit?

ARAMINTE. A chercher dans ma tête tous les moyens imaginables de faire enrager mon mari.

LISETTE. Voilà un amusement fort agréable!

ANGÉLIQUE. Ah! ces idées te font plaisir? Je ne m'étonne plus de te voir un si bon visage.

ARAMINTE. C'est un homme qui perd l'esprit, et qui me le fait perdre. Il veut et ne veut plus dans le moment même. Tantôt, complaisant jusqu'à l'excès, puis aussitôt, brutal à la fureur: quelquefois, content d'une chose qui lui déplaît un quart d'heure après. Il querelle toujours sans sujet; et pour vivre en repos avec lui, on ne sait jamais quel parti prendre.

ANGÉLIQUE. Voilà des inégalités impardonnables!

ARAMINTE. Il faut que vous m'aidiez à le rendre raisonnable, et à me venger de ses caprices.

LISETTE. Que ce soit donc en tout bien et en tout honneur: pour mettre un mari à la raison, on s'en écarte quelquefois, et ces biais-là ne valent jamais rien, quoiqu'ils soient les plus à la mode.

ARAMINTE. Pour moi, je ne saurais mieux faire enrager mon bourru, qu'en lui attrapant de l'argent.

LISETTE. En ce cas, nous sommes de la partie.

Un mari fâcheux et avare est un ennemi public, contre
qui toutes les femmes ont intérêt de se déclarer: çà,
voyons, comment faut-il s'y prendre?

ANGÉLIQUE. Nous le verrons tantôt. Tu as là-bas
un carrosse?

ARAMINTE. Oui vraiment, où veux-tu aller?

ANGÉLIQUE. Je te le dirai, sortons ensemble.

ARAMINTE. Que Lisette vienne donc avec nous:
tout en roulant, nous parlerons de nos affaires.

LISETTE. Non pas, s'il vous plaît, j'ai ici les miennes,
et vous vous passerez bien de moi.

ANGÉLIQUE. Tu n'as qu'à me dire tes projets;
je te ferai confidence des miens, et nous trouverons
moyen de les mettre en œuvre.

LISETTE. Et je corrigerai le plan, moi, s'il en est
besoin.

ARAMINTE. Adieu, Lisette!

SCÈNE VI

LISETTE, *seule*

Les aimables petites personnes! Elles vont tenir
entre elles un petit conseil contre leurs maris, et sans
cela, que feraient-elles? Grâce à l'avarice et à la
bizarrerie des hommes, c'est aujourd'hui la plus
nécessaire occupation qu'aient les femmes. Mais,
voici Marianne fort à propos; n'ai-je point perdu le
billet du chevalier? Non. Sachons un peu ce qu'elle
a dans l'âme, avant que de lui parler de cette affaire.

SCÈNE VII

LISETTE   MARIANNE

MARIANNE. Que me veut dire ma belle-mère, Lisette? On m'a dit qu'elle me demande.

LISETTE. Elle vient de sortir, et apparemment, elle ne voulait rien de fort pressé.

MARIANNE. Je venais lui donner le bonjour, et je retourne dans ma chambre.

LISETTE. Eh! non, non, je vous veux quelque chose, moi! et Madame n'avait rien de si intéressant à vous dire.

MARIANNE. Dépêche-toi donc; tu sais bien que mon père ne veut pas que je te parle, et qu'il dit que tu me gâtes?

LISETTE. Moi! je vous gâte? Il est bien injuste de vous donner ces mauvaises impressions.

MARIANNE. Oh! ne te fâche point, je ne le crois pas, mais ses remontrances perpétuelles me chagrinent terriblement.

LISETTE. Eh! quelles remontrances peut-il faire?

MARIANNE. Je ne sais; je ne les mérite point; je ne les écoute pas le plus souvent, et quand il a bien longtemps parlé, il me semble que je n'ai entendu que du bruit.

LISETTE. Ah! puisque vous prenez si bien les choses, vous n'êtes pas si fort à plaindre!

MARIANNE. Je ne suis pas à plaindre! Est-il agréable à mon âge, de vivre éternellement dans la solitude? Je n'ai pour toute compagnie, que des maîtres qui ne m'apprennent que des choses inutiles,

la musique, la fable, l'histoire, la géographie: cela
n'est-il pas bien divertissant?

LISETTE. Cela vous donne de l'esprit.

MARIANNE. N'en ai-je pas assez? Ma belle-mère
ne sait point toutes ces choses, et elle vit heureuse.

LISETTE. Sa destinée vous fait donc envie?

MARIANNE. Oui, je te l'avoue; et si elle voulait,
au hasard d'être tous les jours grondée de mon père,
je lui promettrais de ne la quitter de ma vie.

LISETTE. Quoi! pas même pour être mariée?

MARIANNE. Oh! c'est autre chose; quand je serai
mariée ne serai-je pas la maîtresse, et ne ferai-je pas,
comme elle, tout ce que je voudrai?

LISETTE. Selon le mari que vous prendrez!

MARIANNE. Comment selon? Oh! je veux un
bon mari, ou je n'en veux point!

LISETTE. Mais si votre père vous en veut donner
un à sa fantaisie?

MARIANNE. Je ne le prendrai point s'il n'est à la
mienne.

LISETTE. Fort bien. Et votre belle-mère, si elle
vous proposait...

MARIANNE. Mais, Lisette, un mari de sa main me
conviendrait assez, je pense.

LISETTE. Et de la mienne, craindriez-vous d'être
trompée?

MARIANNE. De la tienne?

LISETTE. Oui, parlez.

MARIANNE. Hum! je devine ce que tu me veux,
Lisette.

LISETTE. Vous le devinez?

MARIANNE. Oh que oui! cela n'est pas bien difficile.

LISETTE. Et que devinez-vous encore?

MARIANNE. Que quelqu'un est amoureux de moi, et qu'on t'a priée de me le dire.

LISETTE. Cela est admirable!

MARIANNE. Et c'est pour savoir ce que je pense, que tu me parles de mariage.

LISETTE. Quelle vivacité!

MARIANNE. Oh! c'est que je ne suis plus une petite fille; et quoique je ne voie pas le monde, quand je suis seule, je rêve à bien des choses! Mais, dis vite, qu'as-tu à me faire savoir?

LISETTE. Eh! puisque vous êtes si habile, ne pouvez-vous pas deviner le reste?

MARIANNE. J'aurais trop à rougir, Lisette, si mes conjectures n'étaient pas justes!

LISETTE. Oh! pour le coup je devine à mon tour, et je ne suis pas moins pénétrante que vous!

MARIANNE. Eh! que pénètres-tu?

LISETTE. Que vous êtes amoureuse.

MARIANNE. Paix, Lisette!

LISETTE. Ne craignez rien, personne ne peut nous entendre.

MARIANNE. Ne m'impatiente donc point, je t'en conjure. Sérieusement, que me veux-tu?

LISETTE. Vous rendre un petit billet.

MARIANNE. Un billet!

LISETTE. Oui, voyez si cela vous accommode?

MARIANNE. S'il n'est pas de Monsieur le chevalier, je ne le veux point voir, Lisette.

LISETTE. Eh! voyez-le, il est de lui-même. L'heureuse chose que la sympathie! Eh! bien, comment le trouvez-vous son style?

MARIANNE. Il écrit comme ses yeux parlent: ils m'avaient déjà dit tout ce qui est dans sa lettre.

LISETTE. Mais les vôtres n'ont point fait de réponse, et c'est une réponse dont il est question.

MARIANNE. Mais, Lisette...

LISETTE. Quoi! mais? C'est un mari de ma main: qu'avez-vous à dire? Allez vite écrire, seulement!

MARIANNE. Sera-t-il de la bienséance....

LISETTE. Comment, de la bienséance? On vous aime, vous aimez; on vous écrit, vous faites réponse: y a-t-il rien là qui ne soit dans les formes?

MARIANNE. Écrire à un homme!

LISETTE. Le grand malheur! Ah! que de façons pour une petite personne qui devine si juste! Ne vous en fiez-vous pas bien à moi! Je sais les règles comme celui qui les a faites.

MARIANNE. J'entends quelqu'un.

LISETTE. C'est Monsieur le commissaire.

MARIANNE. Le mari d'Araminte?

LISETTE. Lui-même. Ne perdez point de temps, allez faire réponse.

SCÈNE VIII

MONSIEUR GRIFFARD   LISETTE

MONSIEUR GRIFFARD. Bonjour, ma chère enfant.

LISETTE. Monsieur, je suis votre très humble servante.

MONSIEUR GRIFFARD. Ta belle maîtresse est-elle visible? Et Monsieur le notaire est-il au logis?

LISETTE. Il n'y a personne, Monsieur, depuis le

matin; Monsieur est en ville, et Madame vient de sortir avec Madame votre épouse.

MONSIEUR GRIFFARD. Le hasard m'est bien favorable. Je suis ravi de te trouver seule, Lisette, et j'ai mille choses à te dire.

LISETTE. Me voilà prête à vous écouter. (*à part*) Voilà un bourru bien radouci, à ce qu'il me semble!

MONSIEUR GRIFFARD. Comment ton maître et ta maîtresse vivent-ils ensemble, dis?

LISETTE. Comme un mari et une femme! Ils sont toujours fâchés, se querellent souvent, se raccommodent peu, boudent sans cesse, se plaignent fort l'un de l'autre, et peut-être ont tous deux raison. C'est tout comme chez vous, enfin. Eh! n'est-ce pas tout de même?

MONSIEUR GRIFFARD. Mais quel parti prends-tu dans leurs différends, toi?

LISETTE. Quel parti? moi? je suis pour Madame; et si vous voulez que je vous parle net, je ne crois pas qu'un mari puisse avoir raison.

MONSIEUR GRIFFARD. J'en conviens, il y a des gens insupportables.

LISETTE. De petits bourrus éternels, par exemple.

MONSIEUR GRIFFARD. Il est vrai.

LISETTE. Qui ne sont faits que pour damner le genre humain.

MONSIEUR GRIFFARD. Et pour se tourmenter eux-mêmes.

LISETTE. Toujours grondants, de mauvaise humeur.

MONSIEUR GRIFFARD. C'est une chose horrible!

LISETTE. Si j'avais un mari comme cela, je lui ferais voir bien du pays, sur ma parole!

MONSIEUR GRIFFARD. Que ne donnes-tu ces conseils à ta maîtresse, Lisette?

LISETTE. Et si votre femme, qui ne la quitte point, les prenait pour elle?

MONSIEUR GRIFFARD. Tu me crois donc de ces insupportables?

LISETTE. Eh! vous n'êtes pas le moins capricieux mortel que je connaisse!

MONSIEUR GRIFFARD. Si tu savais la cause de mes caprices, tu serais la première à les excuser.

LISETTE. Cela se pourrait: je suis fort humaine, et je voudrais de tout cœur que vous eussiez raison.

MONSIEUR GRIFFARD. Non, tu n'es pas de mes amies.

LISETTE, *à part.* Où ce petit reproche nous mènera-t-il?

MONSIEUR GRIFFARD. Tu as du pouvoir sur l'esprit de ta maîtresse.

LISETTE. Je ne vous entends point.

MONSIEUR GRIFFARD. J'entre, comme elle, dans tous les chagrins qu'on lui donne.

LISETTE. Cela est obscur.

MONSIEUR GRIFFARD. Et, si elle savait combien je m'y intéresse, elle serait sensible à ceux qu'elle me cause.

LISETTE. C'est de l'hébreu, je n'y comprends rien.

MONSIEUR GRIFFARD. Si tu voulais l'en instruire, Lisette, je ne serais point ingrat d'un si bon office.

LISETTE. Vous vous rendez un peu intelligible.

MONSIEUR GRIFFARD. J'en mourrais quitte, sur ma parole!

LISETTE. On meurt subitement quelquefois.

MONSIEUR GRIFFARD. De peur d'accident, voilà ma bourse que je te prie de garder pour l'amour de moi.

LISETTE. Il n'y a rien de plus clair que ce que vous me dites. Un commissaire qui donne sa bourse est terriblement amoureux!

MONSIEUR GRIFFARD. Me promets-tu de parler en ma faveur?

LISETTE. Je comprends votre affaire à merveille, vous dis-je, vous n'aimez point votre femme?

MONSIEUR GRIFFARD. C'est une folle qui me fait enrager.

LISETTE. Celle de votre voisin vous plaît davantage?

MONSIEUR GRIFFARD. N'est-elle pas la plus charmante personne du monde?

LISETTE. Assurément. C'est grand dommage qu'on ne puisse troquer de femme! Qu'il y aurait de troqueurs au monde! Mais, comme cela n'est pas tout à fait permis, prenez garde à vous, Monsieur le commissaire.

MONSIEUR GRIFFARD. Ah! pour moi, je ne demande que l'estime de ta maîtresse.

LISETTE. Il n'y a rien de plus honnête.

MONSIEUR GRIFFARD. Qu'elle me regarde comme le meilleur ami qu'elle puisse avoir.

LISETTE. Il n'y a que de la délicatesse dans cette passion.

MONSIEUR GRIFFARD. Qu'elle dispose absolument de mon bien, de ma vie.

LISETTE. Vous m'attendrissez trop, Monsieur.

MONSIEUR GRIFFARD. Je sacrifierai toujours tout pour lui plaire.

LISETTE. Je vais pleurer.

MONSIEUR GRIFFARD. Qu'elle sache tout cela, Lisette.

LISETTE. Elle le saura, je vous en réponds, j'entends son mari. Remettez-vous un peu, vous voilà tout hors de vous-même.

MONSIEUR GRIFFARD. Je suis trop ému, je ne veux point qu'il me voie; cache-moi dans le cabinet de ta maîtresse.

LISETTE. Dans son cabinet? Vous y étoufferiez d'amour!

MONSIEUR GRIFFARD. Mais...

LISETTE. Mais, descendez par ce petit escalier, et allez prendre l'air: vous en avez besoin, sur ma parole! Ma foi, l'aventure est trop drôle, et voilà de quoi bien divertir nos faiseuses d'emplettes.

SCÈNE IX

MONSIEUR SIMON   LISETTE

MONSIEUR SIMON. Ah! te voilà, coquine! Que fait ma femme?

LISETTE. Le beau début! Elle est sortie.

MONSIEUR SIMON. Déjà sortie? A l'heure qu'il est, elle n'est pas éveillée le plus souvent.

LISETTE. Il faut, apparemment, qu'elle ait aujourd'hui des affaires plus pressantes que de coutume.

MONSIEUR SIMON. Des affaires pressantes! Oh! si elle ne change ses manières...

LISETTE. Eh! pourquoi les changer, puisqu'elle s'en trouve bien? Elle n'en fera rien, Monsieur, je vous assure.

MONSIEUR SIMON. Elle s'en trouve bien? mais, je n'en suis pas content, moi.

LISETTE. C'est que vous êtes furieusement difficile; car enfin, qu'y a-t-il donc de si extraordinaire dans sa conduite?

MONSIEUR SIMON. Ce qu'il y a d'extraordinaire?

LISETTE. Une femme qui ne fait pas le moindre embarras dans votre maison!

MONSIEUR SIMON. Elle n'y vient que pour dormir!

LISETTE. L'entendez-vous jamais quereller?

MONSIEUR SIMON. Comment l'entendrais-je? Je suis quelquefois quinze jours sans la voir!

LISETTE. La grande merveille! vous dormez quand elle revient; vous voulez la voir quand elle dort, ou vous êtes sorti quand elle s'éveille: le moyen de vous rencontrer!

MONSIEUR SIMON. Et c'est cela dont je me plains. Au lieu de prendre le soin de son ménage...

LISETTE. De son ménage, Monsieur? Est-ce que vous voudriez qu'elle s'abaissât à ces sortes de bagatelles, et est-ce pour cela que l'on prend aujourd'hui des femmes?

MONSIEUR SIMON. Assurément.

LISETTE. Bon!

MONSIEUR SIMON. Comment bon?

LISETTE. Eh! fi, Monsieur! vous êtes notaire, et vous ne savez pas la coutume de Paris.

MONSIEUR SIMON. Mais, qu'elle demeure au moins dans sa maison; qu'elle y reçoive compagnie; qu'elle voie... Araminte, par exemple, c'est une femme raisonnable que celle-là!

LISETTE. Assurément.

MONSIEUR SIMON. Je ne lui demande autre chose que de demeurer chez elle.

LISETTE. Mais vraiment, il n'y a rien de plus raisonnable, il faudra bien qu'elle le fasse: allons, tâchez de la persuader.

MONSIEUR SIMON. Je n'en viendrai point à bout si je ne querelle.

LISETTE. Eh bien! il y a longtemps que vous n'avez querellé, à ce qu'il me semble?

MONSIEUR SIMON. Depuis l'affaire du diamant...

LISETTE. Depuis le diamant? il y a un siècle!

MONSIEUR SIMON. Aussi, je crève, et l'on ne sait pas tout ce que je souffre.

LISETTE. Oh! querellez, Monsieur, querellez, cela vous soulagera: dès qu'elle sera venue, j'aurai soin de vous faire avertir.

MONSIEUR SIMON. N'y manque pas au moins?

LISETTE. Ne vous mettez pas en peine. Je veux vous aider aussi à la quereller, moi, et je vous réponds quasi de la réduire.

MONSIEUR SIMON. Que je t'aurais d'obligation!

LISETTE. Allez vous préparer, Monsieur, allez.

SCÈNE X

LISETTE, *seule*

Ah! que les pauvres maris sont bien nés pour être dupes! Il va quereller sa femme pour lui faire faire une chose qu'elle souhaite, et dont il aura peut-être plus à enrager que de tout ce qu'elle a jamais pu faire.

ACTE TROISIÈME

SCÈNE PREMIÈRE

MARIANNE   LISETTE

MARIANNE. Si tu ne crois pas qu'il m'aime tout de bon, ne lui donne pas mon billet, Lisette.

LISETTE. Laissez-moi faire.

MARIANNE. Qu'il te le rende après l'avoir lu.

LISETTE. Ne vous mettez pas en peine.

MARIANNE. Ne parle de rien à ma belle-mère.

LISETTE. Non.

MARIANNE. Quand nous nous aimerons davantage, nous lui en ferons confidence.

LISETTE. C'est fort bien dit.

MARIANNE. Au moins, comme c'est toi qui me fais faire tout ceci, s'il m'en arrivait quelque chagrin dans la suite, c'est à toi que je m'en prendrais.

LISETTE. Je me charge de tout.

MARIANNE. Je suis toute jeune, et tu as de l'expérience; c'est à toi de me bien conduire.

LISETTE. Mort de ma vie, quelle innocente!

MARIANNE. Mais, tout de bon, est-il vrai qu'il m'aime, dis, Lisette?

LISETTE. C'est moi qui vous le dis, et vous en doutez?

MARIANNE. Je voudrais bien qu'il me le dît lui-même.

LISETTE. On ménagera des moments pour cela.

SCÈNE II

MARIANNE   LISETTE   JASMIN

JASMIN. Votre maître de géographie vous attend, Mademoiselle.

MARIANNE. Ah! que je suis lasse de tous ces maîtres-là, Lisette!

LISETTE. On vous en débarrassera.

MARIANNE. Ne me laisse donc point tromper, c'est tout ce que je te demande.

LISETTE. Allez vite, voici quelqu'un, il ne faut pas qu'on nous voie ensemble.

SCÈNE III

LISETTE   MADAME AMELIN

LISETTE. Eh! comment, c'est Madame Amelin! Et qui vous ramène ici, Madame Amelin?

MADAME AMELIN. Ma pauvre Mademoiselle Lisette, je suis furieusement intriguée.

LISETTE. Qu'y a-t-il donc?

MADAME AMELIN. Je ne sais ce que j'ai fait du diamant que vous avez tantôt apporté chez moi, me l'avez-vous laissé, ma chère enfant?

LISETTE. Si je vous l'ai laissé, Madame Amelin? la question est admirable! Si je vous l'ai laissé?

MADAME AMELIN. Ne faites point de bruit, ma chère, et n'en parlez point à Madame, il se retrouvera; en tout cas, il n'y aura que moi qui perdrai. C'est mon coquin de fils qui aura mis la main dessus, sans doute.

LISETTE. Comment donc votre fils? Vous avez des enfants qui se portent au bien comme cela, Madame Amelin?

MADAME AMELIN. Que voulez-vous? C'est un enfant gâté que Janot, qui fait quelquefois de petites mièvreries; et dans le fond, pourvu qu'il le mette à bien, je ne m'en soucie pas.

LISETTE. Oh! à ce compte, vous avez raison, et Monsieur Janot aussi, Madame Amelin.

MADAME AMELIN. Vous ne savez pas tout ce qu'il sait faire; c'est un petit drôle qui en sait bien long.

LISETTE, *à part*. Je n'avais point encore remarqué que Madame Amelin fût folle.

MADAME AMELIN. Dites-moi un peu seulement: il y a ici une grande fille à marier?

LISETTE. Oui. Pourquoi demandez-vous cela, Madame Amelin?

MADAME AMELIN. Par conversation seulement, je n'y prends aucun intérêt, je vous assure; mais elle ne sera point mariée que je ne sois de la noce, c'est moi qui vous le dis, qui ne suis que Madame Amelin.

LISETTE. Vous serez de la noce? Vous! vous!

MADAME AMELIN. Moi! moi! Ne parlez point à Madame de son diamant, il ne sortira point de la famille. Adieu, Mademoiselle Lisette.

SCÈNE IV

LISETTE, *seule*

La bonne femme a perdu l'esprit: quel galimatias me vient-elle faire? Notre diamant perdu... son fils Janot... une fille à marier... elle sera de la noce...Je crois, Dieu me pardonne, qu'elle veut demander Marianne à son père pour ce petit mièvre de Janot! La vieille folle!

SCÈNE V

LISETTE   FRONTIN

FRONTIN. Eh bien! où en sommes-nous? Marianne a-t-elle fait réponse? Monsieur le chevalier est dans une impatience épouvantable.

LISETTE. Eh! que diantre ne vient-il lui-même?

FRONTIN. Il est avec de jeunes gens de ses amis, qui veulent l'obliger, malgré qu'il en ait, à remonter une compagnie de cavalerie.

LISETTE. A remonter une compagnie?

FRONTIN. Oui, mon enfant, une compagnie que les trois dés et le lansquenet ont démontée. Ces messieurs prétendent que ce soit Monsieur le chevalier qui la remonte; il est diablement affairé.

LISETTE. Il n'y a qu'un moment que Marianne et moi nous étions ici seules, et peut-être n'aura-t-il de longtemps une si belle occasion de l'entretenir.

FRONTIN. Tant pis pour lui de l'avoir manquée, ce sont ses affaires, parlons des nôtres. Je t'aime furieusement au moins et si tu voulais...

LISETTE. Tu prends toujours mal ton temps pour parler d'amour; j'ai à présent bien autre chose en tête.

FRONTIN. Ah! ah! et quelles affaires importantes te sont survenues, depuis que je t'ai quittée?

LISETTE. Ce sont des affaires où je prévois que j'aurai besoin d'un associé.

FRONTIN. Parbleu! je suis ton fait: de quoi s'agit-il? Je ne te demande que la préférence.

LISETTE. Avant toutes choses, dis-moi, te sens-tu

de la disposition à ruiner un homme en faveur d'une femme?

FRONTIN. Ce sont les premiers amusements de ma jeunesse, mon enfant; et à l'heure que je te parle, j'ai deux ou trois affaires en main de cette nature-là.

LISETTE. Eh bien! va donc vite porter à Monsieur le chevalier ce billet de Marianne, et reviens ici: je te dirai la chose.

FRONTIN. Non pas, s'il te plaît, je veux la savoir avant que de te quitter.

LISETTE. Monsieur le chevalier s'impatientera.

FRONTIN. J'aime mieux qu'il s'impatiente que moi. Dis vite.

LISETTE. Le mari d'Araminte est amoureux de ma maîtresse.

FRONTIN. Le mari d'Araminte? Monsieur le commissaire?

LISETTE. Oui, te dis-je.

FRONTIN. Oh bien! mon enfant, à bon chat, bon rat. Le mari de ta maîtresse est amoureux d'Araminte.

LISETTE. Qui t'a déjà dit cela?

FRONTIN. C'est une négociation dont je suis chargé; ne t'ai-je pas dit que je travaillais pour tout le monde? Il y a dix ans que je fais les affaires de Monsieur le notaire.

LISETTE. Ces deux Messieurs sont de fort bons sujets au moins.

FRONTIN. Assurément, et pour peu que les femmes soient d'intelligence...

LISETTE. Elles aiment la dépense, et n'ont point d'argent. Laisse-moi faire, les voici: elles ne s'attendent pas aux nouvelles que je vais leur dire.

SCÈNE VI

ANGÉLIQUE   ARAMINTE   FRONTIN
LISETTE   UN LAQUAIS

ANGÉLIQUE. Portez tout cela dans mon cabinet. Ah! te voilà. Que fais-tu ici, Frontin?

FRONTIN. Je n'y suis venu qu'en passant, Madame; et quelques petites propositions que m'a faites Mademoiselle Lisette m'ont arrêté pour vous offrir mes petits services.

ARAMINTE. Comment? Quelles propositions?

FRONTIN. Elle vous dira tout, donnez-vous patience.

ANGÉLIQUE. Y a-t-il quelque chose de nouveau, Lisette?

LISETTE. Oui, Madame, et de fort particulier même.

ANGÉLIQUE. Dites-nous donc vite ce que c'est.

LISETTE. Monsieur le commissaire est amoureux de vous, Madame.

ARAMINTE. Quoi! mon mari, Lisette?

LISETTE. Oui, votre mari, Madame. Il ne faut point que vous fassiez tant la fière, et si vous nous débauchez le nôtre, nous vous rendrons le change à merveille.

ANGÉLIQUE. Tu plaisantes, peut-être, Lisette?

LISETTE. Non, Madame, je ne plaisante point.

FRONTIN. Voilà les propositions qu'elle m'a faites, et c'est là-dessus que j'attends vos ordres.

ANGÉLIQUE. Ma chère?

ARAMINTE. Ma mignonne?

ANGÉLIQUE. Il y a de la fatalité dans cette aventure.

ARAMINTE. Cela est trop plaisant!

LISETTE. N'est-il pas vrai que cela est fort drôle?

FRONTIN. Cela deviendra bien plus divertissant dans la suite.

ANGÉLIQUE. Mais c'est une gageure, je pense?

FRONTIN. Elle ne vaudra rien pour les parieurs, si l'on m'en veut croire.

ARAMINTE. Nous ne pouvions souhaiter une meilleure occasion, pour nous venger de l'avarice de ces Messieurs-là.

ANGÉLIQUE. Toutes tes idées de cette nuit ne valent pas ce que le hasard nous présente.

ARAMINTE. Frontin nous sera nécessaire dans tout ceci, ma mignonne.

FRONTIN. Il est tout à votre service, Madame.

ANGÉLIQUE. Lisette ne nous sera pas inutile, ma bonne.

LISETTE. Vous n'avez qu'à me commander.

ARAMINTE. Pour moi, je te recommande Monsieur mon mari; je ne veux pas que tu lui laisses une pistole.

LISETTE. Je tâcherai de vous obéir.

FRONTIN. Si vous me donnez les mêmes ordres pour Monsieur le notaire, je les exécuterai fort exactement, je vous assure.

ANGÉLIQUE. Oh! si tu épargnes sa bourse, je ne te le pardonnerai de ma vie!

FRONTIN. Vous n'aurez rien à me reprocher.

LISETTE. Mais de quelle manière traiterons-nous les choses?

ANGÉLIQUE. De quelle manière?

FRONTIN. Oui, Madame, brusquerons-nous la bourse de ces Messieurs, ou si nous la viderons tout doucement?

ARAMINTE. Non, brusquez, brusquez, c'est le plus sûr. J'ai furieusement affaire d'argent comptant.

ANGÉLIQUE. Et moi aussi, le plus tôt vaut le mieux, assurément.

FRONTIN. C'est mon avis; et le tien Lisette?

LISETTE. J'opine du bonnet; il faut les expédier dans la règle des vingt-quatre heures.

FRONTIN. Pour vous, Mesdames, il faudra vous mettre en dépense de quelques petites faveurs, s'il vous plaît.

ARAMINTE. Des faveurs, Frontin?

FRONTIN. Oui, Madame, mais sans conséquence.

ANGÉLIQUE. Voilà un article qui m'effarouche.

LISETTE. Eh! de quoi vous embarrassez-vous, puisque vous êtes toutes deux d'accord? N'êtes-vous pas les parties intéressées?

ANGÉLIQUE. Vous êtes une extravagante, Lisette!

LISETTE. Eh! mort de ma vie, qu'est-ce donc qu'on vous demande de si terrible?

FRONTIN. Un regard favorable seulement.

ARAMINTE. Ce n'est pas fort criminel.

LISETTE. Quelques paroles obligeantes.

ANGÉLIQUE. Cela ne coûte pas grand'chose.

FRONTIN. Un doux sourire fait à propos.

ARAMINTE. C'est un air qu'on se donne.

LISETTE. Un petit billet tendre, peut-être.

ANGÉLIQUE. Nous en serons quittes pour du papier.

FRONTIN. Se laisser prendre les mains.

LISETTE. Ce sont des choses qu'on ne peut empêcher.

FRONTIN. N'en pas témoigner de colère.

LISETTE. Ce serait manquer de politesse.

FRONTIN. Souffrir par aventure...

ANGÉLIQUE. Oh! demeurons-en là, Frontin, je te prie.

ARAMINTE. Ils nous mettent là dans un chemin qui mène loin quelquefois, ma mignonne.

FRONTIN. Comment donc, vous n'y songez pas: les plus sages coquettes ne refusent point aujourd'hui ces bagatelles à leurs soupirants, et tout le secret ne consiste qu'à les faire payer si cher, qu'il ne reste jamais de quoi finir l'intrigue.

ANGÉLIQUE. Mais vraiment, Frontin sait le monde, et il a de l'esprit, ma bonne!

ARAMINTE. Nous ne hasarderons donc rien de nous remettre à sa conduite.

LISETTE. Non, assurément.

FRONTIN. Les choses n'iront que jusqu'où vous voudrez, et vous en viendrez aux éclaircissements, quand il vous plaira.

LISETTE. Mais, n'allez pas vous piquer d'être plus reconnaissante l'une que l'autre; dans ces sortes de traités, il faut de la bonne foi surtout.

ANGÉLIQUE. Vous devenez insolente, Lisette!

LISETTE. Ma foi, Madame, je dis ce que je pense. Oh çà! quand commencerons-nous à travailler, Monsieur Frontin?

FRONTIN. Le plus tôt que nous pourrons. Il n'y a pas un moment à perdre. Je vais dire un mot à

Monsieur le chevalier, et je reviens dans le moment
même.

ANGÉLIQUE. Ne lui parle donc point de tout ceci,
Frontin!

FRONTIN. Non! non! Madame.

SCÈNE VII

ANGÉLIQUE ARAMINTE LISETTE

ANGÉLIQUE. Je veux avoir moi-même le plaisir
de lui conter cette aventure.

ARAMINTE. Il en sera ravi, ma mignonne; c'est
le meilleur enfant du monde que le chevalier!

ANGÉLIQUE. Il nous amènera demain bonne
compagnie: des comtesses, des abbés, des marquises.
Nous ne manquerons pas de joueurs, sur ma parole,
et ton mari nous sauvera les amendes.

LISETTE. Je crois que le voici, Madame; laissez-moi
seule avec lui, je vais lui porter une botte qu'il aura
de la peine à parer.

SCÈNE VIII

LISETTE, *seule*

Oh! par ma foi, Monsieur le commissaire, nous vous
pillerons, vous qui pillez les autres!

SCÈNE IX

MONSIEUR GRIFFARD LISETTE

MONSIEUR GRIFFARD. Eh bien! Lisette, ta maîtresse est-elle revenue?

LISETTE. Oui, Monsieur, et elle est ressortie, même.

MONSIEUR GRIFFARD. Lui as-tu parlé de moi, ma chère enfant?

LISETTE. Ah! vraiment, Monsieur, je me suis fait de belles affaires!

MONSIEUR GRIFFARD. Comment donc?

LISETTE. Je ne sais pas quel gré vous m'en saurez; mais, j'ai été furieusement querellée!

MONSIEUR GRIFFARD. Est-ce que...

LISETTE. Quand on dit à de jolies femmes que quelqu'un les estime, il est bien difficile de leur persuader qu'on n'a pour elles qu'une passion désintéressée!

MONSIEUR GRIFFARD. Elle s'est donc mise en colère?

LISETTE. Oui vraiment, elle m'a traitée de ridicule, d'impertinente; mais, cependant, je ne la crois pas si hétéroclite que d'être fâchée qu'on l'aime, et je crois que j'ai mal pris mon temps, je vous l'avoue.

MONSIEUR GRIFFARD. Oui?

LISETTE. Oui, Monsieur: quand on a de certains chagrins, et qu'on ne sait à qui s'en prendre...

MONSIEUR GRIFFARD. Elle a quelques chagrins, Lisette?

LISETTE. Est-ce qu'elle est jamais sans cela?

MONSIEUR GRIFFARD. Et de quelle nature sont ses chagrins encore?

LISETTE. D'une nature... d'une nature bien chagrinante, Monsieur.

MONSIEUR GRIFFARD. En sais-tu la cause?

LISETTE. Je la soupçonne; car avec elle, Monsieur, on ne sait jamais rien certainement; elle n'ouvre son cœur à personne.

MONSIEUR GRIFFARD. Mais enfin, que soup-
çonnes-tu?

LISETTE. Ah! Monsieur, que deviendrais-je, si elle
savait que je vous fisse des confidences de la sorte?
Elle ne me le pardonnerait jamais. C'est une petite
dissimulée, qui serait au désespoir qu'on sût les
mauvaises situations où la mettent, presque tous les
jours, ses extravagances.

MONSIEUR GRIFFARD. Je t'entends: elle a besoin
d'argent?

LISETTE. Je ne vous parle pas de cela, Dieu m'en
garde! N'interprétez point mal ce que je vous dis,
s'il vous plaît. Comme vous saisissez les choses,
Monsieur!

MONSIEUR GRIFFARD. Eh bien! n'en parlons plus;
voilà qui est fini.

LISETTE. Madame est une femme qui n'a jamais
besoin de rien.

MONSIEUR GRIFFARD. J'en suis persuadé.

LISETTE. Il est bien vrai que son mari est un vilain,
qui lui donne fort peu de chose, et que la fortune des
joueuses est sujette à de petites révolutions quelquefois...

MONSIEUR GRIFFARD. Aurait-elle fait quelque
perte considérable?

LISETTE. Ne me faites point trop parler, Monsieur,
je vous prie. Je devine fort bien vos desseins; vous
seriez ravi d'avoir occasion de faire le galant, et d'étaler
votre humeur libérale; mais, gardez-vous-en bien, je
vous en avertis, vous perdriez toutes vos affaires.

MONSIEUR GRIFFARD. Mais vraiment, cela est
extraordinaire!

LISETTE. Qu'il est fâcheux d'avoir affaire à de petites personnes trop scrupuleuses!

MONSIEUR GRIFFARD. Elles sont si rares! Il faut justement que j'en trouve une, moi.

LISETTE. Attendez, Monsieur, tâchons de l'attraper: il me vient une idée...

MONSIEUR GRIFFARD. Eh! quelle?

LISETTE. Elle donnera là-dedans, assurément, quelque fine qu'elle puisse être.

MONSIEUR GRIFFARD. Eh bien? dis vite.

LISETTE. Supposons qu'elle ait perdu deux cents pistoles...

MONSIEUR GRIFFARD. Deux cents pistoles?

LISETTE. Oui, cela va bien là tout au moins...

MONSIEUR GRIFFARD. Je les ai fort à son service.

LISETTE. Il n'y a qu'un bon tour à prendre pour les lui faire accepter: c'est là le difficile. De vous les emprunter, c'est ce qu'elle ne fera pas; de les prendre à titre de présent, il n'y a pas d'apparence; et pour moi, je ne vois qu'une façon de restitution, dont on pût se servir utilement.

MONSIEUR GRIFFARD. Comment, une façon de restitution?

LISETTE. Oui, Monsieur; les joueurs sont un peu sujets à caution, comme vous savez, et Madame n'a pas joué toujours avec les plus honnêtes personnes du monde. Voulez-vous lui faire plaisir, sans effaroucher sa pudeur?

MONSIEUR GRIFFARD. Si je le veux!

LISETTE. Envoyez-lui de l'argent qu'elle puisse recevoir comme d'un remords de conscience de quel-

que fripon converti. Il n'y a pas de manière plus
sûre et plus galante que celle-là.

MONSIEUR GRIFFARD. Mais, je serais bien aise,
Lisette, qu'elle sût que c'est à moi qu'elle en aura
l'obligation.

LISETTE. Eh! allez! allez, Monsieur! elle le saura
de reste dans la suite: je me charge de le lui dire,
moi.

MONSIEUR GRIFFARD. Mais, scrupuleuse comme
elle est, elle sera peut-être fâchée qu'on la trompe?

LISETTE. Eh! mort de ma vie, trompez-la toujours
de même! Il y a des affaires où les femmes sont ravies
d'être trompées.

MONSIEUR GRIFFARD. Et par qui lui faire tenir
cet argent?

LISETTE. C'est encore une difficulté. De votre
part, cela serait suspect, et le métier d'un commissaire
n'est pas de faire des restitutions. Adressez-moi la
bourse, j'ajusterai tout cela.

MONSIEUR GRIFFARD. N'est-ce pas deux cents
pistoles que tu dis?

LISETTE. Mettez... mettez deux cents louis neufs,
la restitution en sera plus honnête.

MONSIEUR GRIFFARD. Je vais te les envoyer tout
à l'heure.

LISETTE. Et vous viendrez quelques moments
après, pour parler vous-même à Madame.

MONSIEUR GRIFFARD. C'est fort bien dit. Adieu,
Lisette.

LISETTE. Adieu, Monsieur. Ah! que les jolies
femmes sont heureuses! Il semble aux hommes qu'en
les ruinant elles leur font grâce; et de pauvres diables

bien amoureux ne donnent toujours que trop aisément dans tous les panneaux qu'on veut leur tendre.

SCÈNE X

LISETTE   FRONTIN

FRONTIN. J'attendais qu'il fût sorti. Comment vont les affaires? As-tu déjà travaillé pour la bourse commune?

LISETTE. Cela ne commence pas trop mal: on va nous faire une restitution de deux cents pistoles.

FRONTIN. Tu nommes cela une restitution?

LISETTE. Oui: c'est une nouvelle manière de faire des présents sans conséquence, où je trouve qu'il y a beaucoup plus de bienséance, que dans toutes les autres.

FRONTIN. Tu as raison; celle qui reçoit ne s'engage à rien, et le donateur est pris pour dupe. Où est Monsieur le notaire? Il faut que je décharge aussi sa conscience de quelque petite restitution.

LISETTE. Ne précipitons rien, donne-toi patience: il est allé dans son cabinet, se préparer à une querelle que je lui ai conseillé de faire à Madame, pour autoriser les petites parties qu'on veut faire ici.

FRONTIN. Comment donc?

LISETTE. C'est lui qui veut absolument que sa femme demeure chez elle.

FRONTIN. Il n'aura pas de peine à la persuader!

LISETTE. Non, vraiment; mais il est toujours bon de lui faire valoir les choses; et quelque chagrin qu'il en puisse avoir dans la suite, il n'aura pas le mot à dire, ce sera lui qui l'aura voulu.

FRONTIN. Tu as raison. Voici Monsieur le chevalier.

SCÈNE XI

LE CHEVALIER   LISETTE   FRONTIN

LE CHEVALIER. Que j'ai de grâces à te rendre, ma chère Lisette!

LISETTE. Êtes-vous content de la réponse?

LE CHEVALIER. Il n'y a rien qu'elle ne me donne lieu d'espérer; je suis le plus heureux des hommes!

LISETTE. Oui, mais je crois que vous avez un rival, je vous en avertis.

LE CHEVALIER. Un rival, Lisette?

LISETTE. Oui, vraiment, et des plus dangereux, même.

LE CHEVALIER. Et quel est donc ce rival?... Dis?

LISETTE. Un petit mièvre de par le monde, qu'on appelle Janot, le fils de cette femme à qui vous avez tantôt parlé... cela vous alarme? Vous vous effarouchez de bien peu de chose!

FRONTIN. Bon! si nous n'avons point d'autre rival à craindre, nous sommes bien, sur ma parole.

LE CHEVALIER. Puis-je parler à Marianne?

LISETTE. Je ne sais, car elle a toujours quelqu'un de ses maîtres avec elle. Je vais voir si elle est seule, et je viendrai vous en avertir.

SCÈNE XII

LE CHEVALIER   FRONTIN

LE CHEVALIER. Ma bonne femme de mère aura dit quelque chose mal à propos, Frontin!

FRONTIN. Il n'y a rien de gâté encore; mais il

faut se hâter de conclure le mariage; le billet s'explique-t-il en bons termes?

LE CHEVALIER. Si j'en juge par le billet, mes affaires iront le mieux du monde.

FRONTIN. Assurément?

LE CHEVALIER. Assurément.

FRONTIN. Puisqu'il en est ainsi, sans façon, Monsieur le chevalier (*Frontin se couvre*), commençons par bannir la cérémonie.

LE CHEVALIER. Eh! que fais-tu, Frontin? Veux-tu me perdre?

FRONTIN. Non, ce n'est pas mon intention; mais vous voilà en train d'attraper un bon mariage. Comment prétendez-vous que cela se passe entre vous et moi.

LE CHEVALIER. Eh! quel temps choisis-tu?

FRONTIN. Parlons net, ou je vous trahirai. On a déjà ouï parler de Monsieur Janot, comme vous voyez?

LE CHEVALIER. Voilà un pernicieux maroufle!

FRONTIN. Ne vous fâchez point, et soyez bon prince. Je suis votre serviteur, votre valet même quelquefois, dont j'enrage! Car, enfin, nous avons été camarades d'école... Nous étions clercs chez le même procureur... On vous mit dehors pour la maîtresse, on me chassa, moi, pour la servante; et, j'en conviens, vous avez eu de tout temps les inclinations plus nobles que les miennes; mais, cependant, il me déplairait fort de vous voir *Monsieur* pour toujours, et d'être pour toujours *Frontin*, moi.

LE CHEVALIER. Ah! je te jure qu'aussitôt l'affaire terminée...

FRONTIN. Quand une affaire est terminée, elle est finie pour tout le monde; il n'est rien tel que de faire marché; composons d'avance; assurez-moi ma petite fortune, et je vous permets d'achever la vôtre.

LE CHEVALIER. Dépêche-toi seulement.

FRONTIN. Vous m'avez donné, ce matin, un billet de soixante pistoles, pour les aller recevoir de ce commis de la douane...

LE CHEVALIER. Je te donne les soixante pistoles: voilà qui est fini?

FRONTIN. Point, Monsieur. Il y a encore ce diamant, que vous avez tantôt pris chez votre mère, et que vous m'avez dit de troquer contre de l'argent.

LE CHEVALIER. Ah! Frontin!

FRONTIN. Ah! Monsieur, point de contestations, s'il vous plaît, je n'aime point qu'on me contredise, moi!

LE CHEVALIER. J'enrage! Eh bien! le diamant te demeurera: seras-tu content?

FRONTIN. Il me faudra du linge, et quelque justaucorps un peu propre, pour me mettre en équipage seulement.

LE CHEVALIER. J'aurai soin de tout cela, je te le promets.

FRONTIN. Vous me donnerez avec cela quelques bonnes habitudes, et tout ira bien. J'ai de l'esprit; vous serez pourvu; je vous demande vos vieilles pratiques.

LE CHEVALIER. Je ferai pour toi toutes choses.

FRONTIN, *ôtant son chapeau.* Sur ce pied-là, reprenons la cérémonie: j'oublie l'égalité de nos naissances, et je vous regarde comme le gentilhomme de France le moins roturier.

LE CHEVALIER. Et si l'affaire ne réussit point?

FRONTIN. En ce cas, j'ai la conscience bonne, je vous rends tout; il faut que chacun vive.

LE CHEVALIER. Tais-toi, Frontin, voici Lisette.

SCÈNE XIII

LE CHEVALIER   LISETTE   FRONTIN

LISETTE. Je vous ai fait attendre; mais, j'ai attendu moi-même que le maître de géographie fût parti. Ne perdez point de temps, montez par ce petit escalier; Frontin sait les êtres, qu'il vous conduise.

FRONTIN. Eh! qu'ai-je affaire là, moi, s'il te plaît?

LISETTE. Tu feras le guet, pour assurer la conversation.

LE CHEVALIER. Tu ne viens donc pas avec nous, toi, Lisette?

LISETTE. Non, vraiment, j'ai ici de l'argent à recevoir. En attendant la restitution, allons savoir de ma maîtresse quand elle aura la commodité d'être querellée.

ACTE QUATRIÈME

꙳꙳꙳

SCÈNE PREMIÈRE

MARIANNE   LE CHEVALIER   FRONTIN

MARIANNE. Entrons ici, Monsieur le chevalier, je ne suis point tranquille dans ma chambre : on pourrait nous y surprendre, et l'on m'en ferait un crime. Ici, l'on peut penser que le hasard nous aura fait rencontrer et que vous ne m'aurez abordée que par civilité. Que Frontin prenne garde, seulement, que personne ne nous écoute.

FRONTIN. Causez en repos, je suis en sentinelle.

LE CHEVALIER. Eh bien! charmante Marianne, quelle sera ma destinée?

MARIANNE. S'il ne tenait qu'à moi seule de la rendre heureuse, vous n'auriez pas lieu de vous en plaindre.

LE CHEVALIER. Eh! ne pouvez-vous pas faire tout mon bonheur? Je vous adore. Si vous étiez un peu sensible à ma tendresse...

MARIANNE. Tenez, Monsieur le chevalier, je ne sais ce que c'est que l'amour : je ne puis dire que je vous aime; mais je suis bien aise que vous m'aimiez.

LE CHEVALIER. Et consentirez-vous, sans répugnance, que je devienne votre époux?

MARIANNE. Voilà encore une chose que je ne saurais vous dire; il me semble qu'on ne s'aime plus, quand on est marié?

LE CHEVALIER. On ne s'aime plus! qui vous a dit cela?

MARIANNE. Araminte et ma belle-mère me disent tous les jours autre chose: elles chagrinent leurs maris; leurs maris les haïssent. Moi, je voudrais vous aimer toujours, et il faudrait pour cela, que vous m'aimassiez toute votre vie!

LE CHEVALIER. Et vous croyez que le mariage pourrait faire finir ma tendresse? Ah! je vous jure...

FRONTIN. Changez de conversation, Monsieur, j'entends quelqu'un.

MARIANNE. Séparons-nous, Monsieur le chevalier.

FRONTIN. Non, rapprochez-vous, c'est Lisette.

SCÈNE II

LE CHEVALIER   MARIANNE
FRONTIN   LISETTE

LISETTE. Quoi, vous voilà! Je vous croyais là-haut? Que faites-vous donc ici? Votre père va venir, je vous en avertis.

MARIANNE. Adieu, Monsieur le chevalier.

SCÈNE III

ANGÉLIQUE   MARIANNE   LE CHEVALIER
FRONTIN   LISETTE

ANGÉLIQUE. Demeurez, Marianne, où allez-vous?

MARIANNE. On m'a dit que vous m'aviez demandée, Madame. J'ai su que vous étiez revenue: j'allais me rendre auprès de vous.

ANGÉLIQUE. Eh bien! chevalier, la compagnie qui vous attendait est-elle avertie pour demain?

LE CHEVALIER. Je venais vous en rendre compte, Madame; et tout Paris viendra chez vous sitôt qu'on saura qu'on y joue.

LISETTE. Cela divertira bien votre mari, Madame!

ANGÉLIQUE. Il faudra bien qu'il en passe par où nous voudrons. Je vais le mettre à la raison. Lui as-tu dit que j'étais revenue?

LISETTE. Oui, Madame; et en remontant, on m'a donné ces deux cents pistoles que vous savez.

ANGÉLIQUE. Porte-les à Araminte: elles viennent de son mari, c'est à elle d'en disposer. Et vous, Marianne, allez lui tenir compagnie, pendant que je serai obligée d'essuyer la fatigante conversation de votre père. Vous, ne sortez pas, Monsieur le chevalier.

LE CHEVALIER. Je ferai tout ce qu'il vous plaira, Madame.

ANGÉLIQUE. Entrez aussi dans mon cabinet; je veux vous faire part d'une aventure que vous trouverez divertissante.

SCÈNE IV

ANGÉLIQUE   FRONTIN

FRONTIN. Et moi, Madame, que deviendrai-je? Quand vous aurez fait de Monsieur le notaire, vous me le livrerez, s'il vous plaît?

ANGÉLIQUE. Va faire un tour, et reviens, Frontin.

FRONTIN. Dépêchez-vous donc, Madame: je suis honteux que Lisette soit plus expéditive que moi; mais, je réparerai cela par la somme.

ANGÉLIQUE. J'entends mon mari, sors vite.

FRONTIN. Voilà un pauvre diable en bonnes mains!

SCÈNE V

MONSIEUR SIMON   ANGÉLIQUE

MONSIEUR SIMON. Ah! vous voilà donc au logis, Madame? C'est une grande merveille, oui!

ANGÉLIQUE. Bonjour, mon cher petit mari: Lisette dit que vous êtes de mauvaise humeur, et que voulez gronder, est-il vrai? J'ai un mal de tête épouvantable, au moins, je vous en avertis.

MONSIEUR SIMON. Eh! le moyen de vous bien porter? Vous devriez être morte, depuis le temps que vous vivez comme vous faites. Ne rougissez-vous point de...

ANGÉLIQUE. Ah! mon fils, vous m'ébranlez tout le cerveau! Adoucissez l'aigreur de votre ton, je vous prie, ou je renonce à vous écouter.

MONSIEUR SIMON. Comment, Madame, vous croyez...

ANGÉLIQUE. Oh! querellez donc de sang-froid, je vous prie, je vous promets de vous écouter de même.

MONSIEUR SIMON. Il faut que j'aie une belle patience.

ANGÉLIQUE. Serez-vous long dans vos remontrances, mon fils?

MONSIEUR SIMON. Oui, Madame, et très long...

ANGÉLIQUE. Si vous vouliez quereller en abrégé, mon petit mari, je vous aurais bien de l'obligation?

MONSIEUR SIMON. En abrégé, Madame? Et le moyen de renfermer en peu de paroles tous les sujets de plaintes, que vous me donnez tous les jours!

ANGÉLIQUE. Moi, je vous donne des sujets de plaintes, mon fils?

MONSIEUR SIMON. Oh! que diantre! mon fils... mon petit mari... supprimons tous ces termes-là, s'il vous plaît: trêve de douceurs, je vous prie.

ANGÉLIQUE. Comment donc, Monsieur, quelles manières sont les vôtres? Plus j'ai d'honnêteté pour vous, plus vous avez d'aigreur pour moi? En vérité, je n'y comprends rien, et je suis fort scandalisée de votre procédé.

MONSIEUR SIMON. Eh! morbleu! je suis outré du vôtre, moi!

ANGÉLIQUE. Ah! que les maris sont incommodes avec leurs bizarreries perpétuelles! Je voudrais bien savoir qui peut causer vos emportements.

MONSIEUR SIMON. Comment donc, mes emportements? Je n'ai que trop de douceurs, de par tous les diables!

ANGÉLIQUE. Ah! juste ciel! Toujours dans la bouche des mots à effaroucher les personnes les moins timides!

MONSIEUR SIMON. Morbleu!

ANGÉLIQUE. Vous jurez, Monsieur, vous jurez, vous me faites trembler! Lisette! holà, quelqu'un!

MONSIEUR SIMON. Vous perdez l'esprit, Madame.

ANGÉLIQUE. Lisette?

SCÈNE VI

MONSIEUR SIMON   ANGÉLIQUE   LISETTE

LISETTE. Eh! à qui diantre en avez-vous donc?

ANGÉLIQUE. Demeurez auprès de moi, Lisette; Monsieur est dans une fureur qui ne se conçoit pas.

LISETTE. Serait-il possible?

MONSIEUR SIMON. Ah! la méchante femme, Lisette, la méchante femme!

ANGÉLIQUE. Peut-on s'étonner que je n'aime pas à demeurer chez moi? ce sont vos violences et vos caprices qui m'en écartent!

MONSIEUR SIMON. Mes violences?

LISETTE. Eh bien! modérez-vous un peu, on verra ce que cela produira.

MONSIEUR SIMON. Tu crois ce qu'elle dit? C'est un prétexte pour avoir raison d'être toujours dehors.

ANGÉLIQUE. Oui, fort bien, un prétexte! En vérité, Monsieur, vous vous servez de termes bien offensants; et si ma famille savait les duretés que vous avez pour moi...

MONSIEUR SIMON. Oh! pour le coup, je perds patience!

LISETTE. Eh! doucement, Monsieur. N'y aurait-il pas moyen de vous accommoder? Vous êtes tous deux si raisonnables!

ANGÉLIQUE. Eh bien! je te fais juge de nos différends, Lisette.

LISETTE. C'est bien de l'honneur que vous me faites, Madame.

MONSIEUR SIMON. Oui, tu as de l'esprit, et je te permets de me condamner si j'ai tort.

LISETTE. Oh! pour cela, je le ferai, je vous assure! Voyons, de quoi vous plaignez-vous, premièrement?

MONSIEUR SIMON. Ne le sais-tu pas?

LISETTE. Que répondez-vous à cela?

ANGÉLIQUE. Ignores-tu toutes mes raisons?

LISETTE. Eh! mort de ma vie, que ne parlez-vous? Vous voilà d'accord, Monsieur n'a qu'à vouloir.

MONSIEUR SIMON. Moi?

LISETTE. Vous-même. Tenez, Monsieur, Madame est la femme de France la plus complaisante: laissez-la vivre à sa fantaisie, vous en ferez tout ce qu'il vous plaira!

MONSIEUR SIMON. Eh bien! qu'elle fasse, pourvu qu'elle demeure chez elle.

LISETTE. Mais, vraiment, cela est trop juste, Madame; Monsieur est le meilleur homme du monde; il aime à vous voir: donnez-lui cette petite satisfaction, le plus souvent qu'il vous sera possible!

ANGÉLIQUE. Hélas! de tout mon cœur, mon enfant: je ne cherche point à le chagriner. Qu'il soit toujours de bonne humeur, je serai toujours au logis.

LISETTE. Vous l'entendez, Monsieur? Je ne lui fais pas dire!

MONSIEUR SIMON. Eh bien! qu'elle me tienne parole, et je ne querellerai de ma vie.

ANGÉLIQUE. Cela me fera de la peine assurément; mais, puisque vous le voulez absolument, Monsieur, je tâcherai de trouver les moyens de me rendre ma prison supportable.

LISETTE. La pauvre petite femme! Sa prison!
vous devez être bien content, Monsieur?

MONSIEUR SIMON. Je ne m'attendais pas à la
trouver si raisonnable, je te l'avoue.

LISETTE. Oh! Monsieur, tôt ou tard, il vient de
bons moments aux femmes. Il ne faut aux maris que
la patience de les attendre.

ANGÉLIQUE. Le seul plaisir que je me propose,
est de jouer et de recevoir compagnie.

LISETTE. Comme elle se borne!

MONSIEUR SIMON. Eh va! va! tu n'auras pas le
temps de t'ennuyer; il faudra faire en sorte qu'Araminte soit presque toujours avec toi, premièrement.

ANGÉLIQUE. Ah! mon cher petit mari, que j'en
serai contente! Tâchons de l'engager à cela, je vous
prie: c'est la plus aimable personne du monde,
qu'Araminte!

MONSIEUR SIMON. N'est-il pas vrai?

LISETTE, à part. Le vieux satyre.

MONSIEUR SIMON. Nous aurons son mari quelquefois, nous verrons ma nièce la greffière qui fait des vers,
ma cousine l'avocate, son beau-frère qui est plaisant,
sa sœur la conseillère, mon oncle le médecin, sa femme
et ses enfants, nous nous divertirons à merveille.

LISETTE. Voilà de quoi passer son temps, Madame?

ANGÉLIQUE. Oh! pour cela, non, mon fils, je vous
prie; hors Araminte, qui a les manières de condition,
je ne veux voir que des femmes de qualité, s'il vous
plaît.

MONSIEUR SIMON. Eh bien oui! des femmes de
robe?

ANGÉLIQUE. Non, Monsieur, des femmes d'épée.

C'est mon faible que les femmes d'épée, je vous l'avoue.

LISETTE. Madame a les inclinations tout à fait militaires.

MONSIEUR SIMON. Eh bien soit! des femmes d'épée, tout comme tu voudras.

ANGÉLIQUE. Nous donnerons de petits concerts quelquefois.

MONSIEUR SIMON. Des concerts ici, dans ma maison?

ANGÉLIQUE. Oui, mon fils; comme vous voulez que j'y demeure toujours, il faut bien que je m'y divertisse.

LISETTE. Elle a tant de complaisance pour vous, que vous ne sauriez vous défendre d'en avoir un peu pour elle?

MONSIEUR SIMON. Mais...

ANGÉLIQUE. Mais, Monsieur, il me faut de la musique trois jours de la semaine seulement; trois autres après-dînées, on jouera quelques reprises d'hombre et de lansquenet, qui seront suivies d'un grand souper, de manière que nous n'aurons qu'un jour de reste, qui sera le jour de conversation; nous lirons des ouvrages d'esprit; nous débiterons des nouvelles; nous nous entretiendrons des modes; nous médirons de nos amis; enfin, nous emploierons tous les moments de cette journée à des choses purement spirituelles.

LISETTE. Quel ordre, Monsieur! Elle veut vivre régulièrement, comme vous voyez?

MONSIEUR SIMON. Quelle chienne de régularité!

ANGÉLIQUE. Et comme cette vie aisée, douce,

agréable, pourrait attirer trop grand monde, pour n'être point accablé de visites importunes, il faudra que nous ayons un portier s'il vous plaît.

MONSIEUR SIMON. Miséricorde, un portier chez moi! Chez un notaire, un portier, Madame?

ANGÉLIQUE. Oui, Monsieur, un portier chez un notaire, la grande merveille!

MONSIEUR SIMON. Lisette?

LISETTE. Ne l'obstinez point, Monsieur, elle prendrait un suisse!

MONSIEUR SIMON. Mais, Madame...

ANGÉLIQUE. Mais, Monsieur... je veux un portier : sans cela, marché nul, je sortirai, et tout à l'heure.

LISETTE. Eh! passez-lui cette bagatelle! faut-il rompre un traité pour un malheureux portier?

MONSIEUR SIMON. Je me ferai moquer de moi!... Et, d'ailleurs, comment soutenir tant de dépense?

ANGÉLIQUE. Eh! Monsieur, qui vous demande rien? de quoi vous effarouchez-vous?

MONSIEUR SIMON. De quoi je m'effarouche, Madame?

LISETTE. Allez, Monsieur, qu'il vous suffise que Madame joue. Les joueuses ont des ressources inépuisables, et les femmes à qui leurs maris ne donnent point d'argent, ne sont pas toujours celles qui en dépensent le moins.

MONSIEUR SIMON. Pour moi, je n'en saurais donner, car je n'en ai point.

LISETTE, à part. Frontin vous en fera pourtant bien trouver!

ANGÉLIQUE. Allez, Monsieur, ne vous mêlez de rien que de me laisser faire. Adieu, mon fils, je vais me recueillir dans mon cabinet, et songer à prendre toutes les mesures imaginables pour vous donner la satisfaction de demeurer au logis sans m'y ennuyer.

SCÈNE VII

MONSIEUR SIMON   LISETTE

LISETTE. Quelle complaisance! Vous êtes bien heureux d'avoir une femme si bonne et si judicieuse!

MONSIEUR SIMON. Je paierai bien cher cette complaisance-là, peut-être.

LISETTE. Oh! point du tout, elle est bien revenue de la bagatelle.

MONSIEUR SIMON. Il faut en essayer, Lisette. Tu vois tout ce que je fais pour la mettre dans son tort?

LISETTE. Oh! pour cela, Monsieur, vous êtes le meilleur mari qu'il y ait au monde!

ANGÉLIQUE, *derrière le théâtre.* Lisette?

LISETTE. Madame m'appelle. Adieu, Monsieur. Tenez-vous en joie: vous avez bien sujet d'y être.

SCÈNE VIII

MONSIEUR SIMON, *seul*

Hum! je ne sais comment tout cela tournera; mais un honnête homme est bien embarrassé quand il est amoureux, et qu'il a des mesures à prendre avec sa femme!

SCÈNE IX

MONSIEUR SIMON   FRONTIN

FRONTIN. Ah! Monsieur, que je vous trouve à propos!

MONSIEUR SIMON. Qu'est-ce qu'il y a?

FRONTIN. Ne peut-on point nous écouter?

MONSIEUR SIMON. Non, non, parle, cette salle est grande.

FRONTIN. Vous n'avez point vu Araminte, depuis le dernier billet que je lui ai rendu de votre part?

MONSIEUR SIMON. Non, vraiment. Je ne précipite rien, moi, et je ne fais point l'amour en jeune homme.

FRONTIN. Mais, sérieusement, Monsieur, en êtes-vous bien amoureux?

MONSIEUR SIMON. Plus que je ne saurais te le dire.

FRONTIN. Et s'il fallait renoncer à la voir, cela vous ferait-il de la peine?

MONSIEUR SIMON. Comment, renoncer à la voir? Qu'y a-t-il donc? qu'est-il donc arrivé?

FRONTIN. Ah! que vous aimez cette femme-là, Monsieur! Je ne puis m'empêcher de vous plaindre.

MONSIEUR SIMON. Mais, à qui en as-tu?

FRONTIN. Vous ne sauriez croire combien je suis dans vos intérêts.

MONSIEUR SIMON. Je t'en estime davantage, mais...

FRONTIN. J'aimerais autant que le diable vous eût emporté, que de vous voir amoureux de cette force-là!

MONSIEUR SIMON. Tu me ferais perdre patience.
Ne veux-tu pas t'expliquer?

FRONTIN. Araminte, Monsieur...

MONSIEUR SIMON. Eh bien, Araminte?

FRONTIN. Elle est dans une situation la plus
fâcheuse du monde.

MONSIEUR SIMON. Comment! quelle situation?

FRONTIN. Elle m'a bien défendu de vous rien
dire, et je ne sais si je fais bien de vous en parler.

MONSIEUR SIMON. Oui, oui, parle.

FRONTIN. Je meurs de peur que vous ne soyez
assez amoureux pour la vouloir tirer de l'embarras
où elle se trouve.

MONSIEUR SIMON. Quoi! quel embarras? Si je
l'en tirerai? oh! t'en réponds!

FRONTIN. Ne voilà-t-il pas!... Oh bien! Monsieur, puisqu'il est ainsi, vous ne saurez rien.

MONSIEUR SIMON. Mon pauvre Frontin...

FRONTIN. Non, Monsieur, il ne sera pas dit que
parce qu'une femme vous estimera plus qu'un autre,
j'aurai contribué à vous ruiner pour l'amour d'elle!

MONSIEUR SIMON. A me ruiner? qu'est-ce que
cela signifie?

FRONTIN. Cela signifie que la plupart des jolies
femmes ruinent tous ceux qu'elles estiment, Monsieur. C'est la règle.

MONSIEUR SIMON. C'est la règle?

FRONTIN. Eh! vraiment oui! voudriez-vous qu'elles
ruinassent ceux qu'elles n'estiment point? cela serait
bien malhonnête!

MONSIEUR SIMON. Ah! ah! et est-ce une nécessité
de ruiner quelqu'un?

FRONTIN. Oui vraiment, cela ne se peut pas autrement même. C'est une chose inconcevable que les dépenses prodigieuses qu'Araminte fait tous les jours, sans réflexion, sans conduite. Elle s'endette de tous côtés; les marchands crient pour être payés; si cela vient aux oreilles du mari, c'est une femme perdue; et pour se mettre à couvert de ses emportements, elle est dans la résolution de s'aller jeter dans un couvent, et de n'en sortir de sa vie.

MONSIEUR SIMON. Dans un couvent, Frontin?

FRONTIN. Dans un couvent. Quand une jolie femme est embarrassée, et qu'elle ne sait comment sortir d'affaires, elle a toujours recours au couvent: c'est encore une règle.

MONSIEUR SIMON. Mais voilà une résolution bien précipitée?

FRONTIN. Je vous en réponds! Elle m'a même dit de lui mener un carrosse, pour y aller tout de ce pas: elle ne veut dire adieu à personne.

MONSIEUR SIMON. Comment, tout de ce pas? il faut empêcher cela, Frontin.

FRONTIN. Oh! Monsieur, cela est bien difficile; elle doit plus de mille écus, afin que vous le sachiez.

MONSIEUR SIMON. Mille écus!

FRONTIN. Oui vraiment: mille écus, valant trois mille deux cent cinquante livres. Eh! croyez-moi: laissez-la faire; ne mettez point là votre argent; prenez une bonne résolution de ne la jamais voir.

MONSIEUR SIMON. De ne la jamais voir?

FRONTIN. Oui. Vous ne l'aimez peut-être pas tant que vous vous l'imaginez?

MONSIEUR SIMON. Je ne l'aime pas? J'en perdrais l'esprit!

FRONTIN. Quelle fatalité! perdre l'esprit, ou donner trois mille deux cent cinquante livres!

MONSIEUR SIMON. Cela est chagrinant.

FRONTIN. Écoutez: l'esprit est une belle chose. Adieu, Monsieur, je vais chercher un carrosse.

MONSIEUR SIMON. Attends, Frontin?

FRONTIN. Ah! que je connais de gens à Paris qui voudraient avoir une occasion comme celle-ci! mais je ne leur en parlerai point, je suis trop de vos amis, pour ne vous pas laisser la préférence... Je vais lui chercher un carrosse.

MONSIEUR SIMON. Attends-moi là, te dis-je! je vais prendre dans mon cabinet un billet payable au porteur, que je lui veux donner moi-même.

FRONTIN. Comment! vous-même? Ah! fi, Monsieur; où est la politesse, de ne savoir pas épargner à une femme la confusion de vous avoir obligation en face? Vous la feriez mourir de chagrin!

MONSIEUR SIMON. Eh bien... Mais, connais-tu les gens à qui elle doit?

FRONTIN. Si je les connais!

MONSIEUR SIMON. Mène-moi chez eux, je les paierai sans lui en rien dire.

FRONTIN. Cela est bien imaginé.

MONSIEUR SIMON. Cela sera assez galant, oui?

FRONTIN. Assurément. Il n'y a qu'un petit inconvénient qui s'y rencontre.

MONSIEUR SIMON. Comment?

FRONTIN. Ce sont des gens à qui Madame votre femme doit aussi de l'argent; il ne serait pas dans la

bienséance qu'on vît acquitter les dettes des autres,
quand vous ne payez pas les siennes.

MONSIEUR SIMON. Malpeste! tu as raison; elle
le saurait peut-être...

FRONTIN. Je suis prudent, comme vous voyez!

MONSIEUR SIMON. Comment ferons-nous donc?

FRONTIN. Mais il me semble que vous, me donnant
le billet, et moi, promettant de vous en faire tenir
compte...

MONSIEUR SIMON. Mais, Frontin...

FRONTIN. Qu'est-ce à dire, mais? Ne craignez-
vous point que je vous friponne votre billet?

MONSIEUR SIMON. Je ne te dis pas cela; mais
enfin...

FRONTIN. Parbleu! Monsieur, je n'y entends point
de finesse! Puisque vous faites tant de façons, je
vous baise les mains, je suis votre serviteur, je m'en
vais chercher un carrosse.

MONSIEUR SIMON. Que tu as l'esprit mal
tourné! Je vais chercher le billet, viens-t'en le
prendre.

FRONTIN. Oh! diable, vous faites là un grand
effort! Monsieur est amoureux à perdre l'esprit; on
veut le conserver dans son bon sens; il en est quitte
pour mille écus...

MONSIEUR SIMON. Voici quelqu'un: veux-tu te
taire, et me suivre?

FRONTIN. Tout à l'heure je vais vous joindre.

SCÈNE X

LE CHEVALIER   FRONTIN

LE CHEVALIER. Ah! mon pauvre Frontin, je suis dans le plus grand embarras du monde!

FRONTIN. Qu'est-ce qu'il y a?

LE CHEVALIER. Cette folle de Lisette s'est avisée de parler à sa maîtresse et à Araminte de la passion que j'ai pour Marianne.

FRONTIN. Eh bien?

LE CHEVALIER. Et dans la vue de me faire plaisir, elles veulent, malgré que j'en aie, proposer la chose à son père.

FRONTIN. Cela ne vaut pas le diable, vous voilà gâté; on ira aux enquêtes, et la réputation de Monsieur Janot fera tort à Monsieur le chevalier, assurément.

LE CHEVALIER. Ah! ne plaisante point, je te prie.

FRONTIN. Je ne plaisante point: cela ne vaut pas le diable!

LE CHEVALIER. J'avais toujours compté sur les soins de Lisette, sur la tendresse de Marianne; et je me proposais de terminer la chose par un enlèvement, pour faire consentir le père au mariage...

FRONTIN. Voilà comme j'ai toujours conçu la chose, et il n'y avait pas d'autre biais que celui-là même.

LE CHEVALIER. Non vraiment; mais quel parti prendre?

FRONTIN. Celui de précipiter une chose que nous aurions pu faire à loisir.

LE CHEVALIER. Mais il faut pour cela de l'argent comptant? Je n'en ai point assez.

FRONTIN. Oh! je vous en prêterai, moi : qu'à cela ne tienne! Il y a à Paris quelques orfèvres de ma connaissance; et avec le diamant dont je suis nanti, je ne m'embarrasse pas de trouver deux cents pistoles en un quart d'heure.

LE CHEVALIER. Mais il faut persuader Marianne.

FRONTIN. Laissez-moi parler à Lisette, et allez m'attendre à l'auberge.

LE CHEVALIER. Mais...

FRONTIN. Mais allez m'attendre, vous dis-je! Pour être héritier de vos vieilles pratiques, il n'y a rien que je ne sois capable de faire.

ACTE CINQUIÈME

~~❧~~

SCÈNE PREMIÈRE

MARIANNE   LISETTE

MARIANNE. Ma pauvre Lisette, je n'en puis plus, je ne saurais me soutenir, je tremble.

LISETTE. Qu'avez-vous?

MARIANNE. Mon père est là-dedans avec Araminte et ma belle-mère: je ne l'ai jamais vu de si bonne humeur.

LISETTE. Et c'est là ce qui vous rend si interdite?

MARIANNE. On va lui parler de mon mariage avec Monsieur le chevalier.

LISETTE. On va lui en parler? Tant pis! on se presse trop.

MARIANNE. Oh! point, point, Lisette! Je suis sortie pour les laisser dire: je voudrais déjà que cela fût fini.

LISETTE. Cela est trop précipité, vous dis-je; rentrez dans le cabinet pour rompre la conversation.

MARIANNE. Ma chère enfant, je n'en ai pas la force: je ne me connais plus; et je n'ai jamais été dans l'état ou je me trouve.

LISETTE. C'est que vous n'avez jamais été mariée.

MARIANNE. Oh! pour cela non. Mais, si je suis si tremblante pendant qu'on en parle, comment serai-je donc quand on me mariera tout de bon?

LISETTE. On vous rassurera, ne vous mettez pas

en peine. Mais, si vous voulez que je vous parle naturellement, je meurs de peur que votre père ne reçoive mal la proposition.

MARIANNE. C'est cette crainte-là, je pense, qui me met si hors de moi-même.

LISETTE. Allez donc empêcher qu'on ne lui en parle. Nous avons, depuis tantôt, raisonné, Frontin et moi, et nous avons trouvé un moyen sûr pour vous marier, quand votre père ne le voudrait pas.

MARIANNE. Est-il possible!

LISETTE. Oui; mais il faut pour cela, qu'il n'ait entendu parler de rien.

MARIANNE. Mais, ce moyen est-il infaillible?

LISETTE. Je vous en réponds, cela dépendra de vous. Et vous n'y mettrez point d'obstacle, peut-être?

MARIANNE. Non, je t'en assure. Oh! je m'en vais donc vite les interrompre.

LISETTE. Dépêchez-vous, et dites tout bas à Madame que j'ai quelque chose de conséquence à lui dire.

MARIANNE. Je vais te l'envoyer, laisse-moi faire.

SCÈNE II

LISETTE, *seule*

La pauvre petite personne! Nous en ferons tout ce que nous voudrons. Eh! que ne font point de jeunes filles, pour être mariées! Oh! pour moi, je crois, Dieu me pardonne, qu'il y a un âge où elles ne pensent qu'à cela, et il entre du mariage dans tous leurs songes.

SCÈNE III

MONSIEUR GRIFFARD   LISETTE

MONSIEUR GRIFFARD. Eh bien! ma chère enfant,
comment a-t-on reçu la restitution?

LISETTE. Le mieux du monde; cela se reçoit-il
autrement? Il faudrait avoir l'esprit bien mal tourné!

MONSIEUR GRIFFARD. Sait-elle que c'est moi
qui...

LISETTE. Je lui en ai voulu donner quelque légère
idée.

MONSIEUR GRIFFARD. Eh bien?

LISETTE. Eh bien! elle commençait déjà à prendre
un certain ton aigre-doux, qui m'a fait rengaîner mon
compliment. Il ne faut se déclarer que bien à propos.
La voici.

SCÈNE IV

MONSIEUR GRIFFARD   ANGÉLIQUE
LISETTE

MONSIEUR GRIFFARD. Ce n'est pas une petite
fortune, Madame, que celle de vous rencontrer au
logis.

ANGÉLIQUE. Si l'on recevait souvent de vos visites,
on deviendrait volontiers plus sédentaire, Monsieur.

MONSIEUR GRIFFARD. Madame...

LISETTE. Voilà votre chapeau par terre, prenez
garde.

ANGÉLIQUE. Vous êtes, de tous les hommes du
monde, celui qu'on voit avec le plus de plaisir, je
vous assure.

MONSIEUR GRIFFARD. Ah! Madame...

LISETTE. Vous marchez sur vos gants, Monsieur.

ANGÉLIQUE. Je vous parle naturellement, au moins.

MONSIEUR GRIFFARD. Vous avez bien de la bonté, Madame, si j'osais vous parler de même...

ANGÉLIQUE. Je vous soupçonne pourtant de m'avoir fait une petite friponnerie, dont je vous punirais, si j'en étais bien persuadée.

MONSIEUR GRIFFARD. Oh! pour cela, Madame, je ne prétends pas que vous m'en ayez obligation.

ANGÉLIQUE. Écoutez: vous avez de l'esprit; vous donnez un tour galant et délicat à ce que vous faites; mais, si vous voulez qu'on vous en sache gré, il faut me laisser toujours dans l'incertitude.

MONSIEUR GRIFFARD. Oh! Madame, je vous réponds de...

ANGÉLIQUE. Je ne suis que trop pénétrante, je vous l'avoue; mais on ferme quelquefois les yeux, pour ne pas rompre avec ses amis: une parfaite connaissance de la vérité me mettrait sérieusement en colère.

MONSIEUR GRIFFARD. Il est constant, Madame, que...

ANGÉLIQUE. N'usons pas cette conversation, de grâce. Il me fâche seulement de penser à ces sortes des choses; passez là-dedans, je vous prie, j'ai quelques ordres à donner à Lisette, vous n'aurez pas le temps de vous ennuyer.

SCÈNE V

ANGÉLIQUE   LISETTE

ANGÉLIQUE. Quel animal! Il ne m'a jamais paru si ridicule!

LISETTE. Voilà un mortel bien payé de ses deux cents pistoles.

ANGÉLIQUE. Que me veux-tu? Qu'as-tu à me dire? Mon mari est là-dedans de trop bonne humeur pour un homme qui a donné son argent. Je meurs de peur que Frontin n'ait pas si bien réussi que toi.

LISETTE. Il a mieux fait que vous ne croyez, et voilà un billet de mille écus, que Monsieur lui a donné pour Araminte.

ANGÉLIQUE. Le monstre! Mille écus ne lui font point de peine à sacrifier pour une autre; il me refuserait une pistole.

LISETTE. Nous nous vengeons assez bien de son avarice: il ne faut pas se plaindre.

ANGÉLIQUE. Mais comment toucher cet argent? Araminte, ni toi, ni moi, nous ne pouvons l'aller recevoir: il fallait que Frontin...

LISETTE. Que cela ne vous embarrasse point: Madame Amelin négociera la chose à merveille.

ANGÉLIQUE. Il faut envoyer chez elle. Holà, Jasmin!

SCÈNE VI

ANGÉLIQUE   LISETTE   JASMIN

ANGÉLIQUE. Vous savez où Madame Amelin demeure?

JASMIN. Celle qui est venue tantôt ici? Oui, Madame.

ANGÉLIQUE. Allez lui dire que je l'attends, et que j'ai affaire d'elle; qu'elle vienne au plus vite.

LISETTE. Avec tout cela, ce n'est pas une connaissance inutile que celle de cette Madame Amelin.

ANGÉLIQUE. Non, vraiment!

LISETTE. Nous aurions eu peine, sans elle, à nous défaire du diamant.

ANGÉLIQUE. Il était dangereux de le vouloir vendre. Mais je m'arrête ici trop longtemps: je vais les rejoindre. Quand Madame Amelin sera venue, tu lui diras bien toi-même ce qu'il faut faire?

SCÈNE VII

LISETTE   MONSIEUR JOSSE

LISETTE. C'est de l'argent comptant, ou peu s'en faut. Mais, que veut cet homme-là? Demandez-vous ici quelque chose?

MONSIEUR JOSSE. Je voudrais bien parler à Monsieur Simon, on m'a dit là-bas, qu'il y était.

LISETTE. Est-ce pour quelque affaire un peu longue? Quelque testament? Quelque inventaire? Nous en débarrasserez-vous pour longtemps?

MONSIEUR JOSSE. C'est pour une chose que je ne puis dire qu'à lui-même. Qu'on l'avertisse, je vous prie.

LISETTE. Je vais lui dire; vous n'avez qu'à attendre.

SCÈNE VIII

MONSIEUR JOSSE, *seul*

Voilà une soubrette qui me paraît bien alerte, et elle pourrait bien, si je ne me trompe, avoir quelque part à la visite que je viens rendre à Monsieur le notaire.

SCÈNE IX

MONSIEUR SIMON   MONSIEUR JOSSE

MONSIEUR SIMON. Ah! ah! c'est Monsieur Josse!
Eh! qui vous amène ici, mon voisin?

MONSIEUR JOSSE. Monsieur, voilà un diamant
qu'on vient d'apporter chez moi pour le vendre. Il
me paraît tout à fait semblable à celui que vous avez
fait recommander. Voyez?

MONSIEUR SIMON. C'est justement le mien, Monsieur Josse. Qui vous l'a apporté? Il fallait retenir
ces gens-là.

MONSIEUR JOSSE. C'est un garçon que je connais,
qui me connaît aussi; et je n'ai même gardé la bague,
que sous prétexte de la faire voir, avant que de l'acheter,
à quelqu'un de mes confrères, que j'ai dit qui se
connaissait en pierreries mieux que moi. Il ne faut
effaroucher personne.

MONSIEUR SIMON. Eh! qui est-il, s'il vous plaît,
Monsieur Josse, cet honnête garçon que vous con-
naissez?

MONSIEUR JOSSE. Ne vous mettez point en peine,
nous avons la bague, il reviendra.

MONSIEUR SIMON. Il faut le faire arrêter. Il y
a ici fort à propos un commissaire de mes amis, vous
n'aurez qu'à nous envoyer avertir.

SCÈNE X

MONSIEUR SIMON   MONSIEUR JOSSE
FRONTIN

FRONTIN, *à Monsieur Josse.* Ah! vous voilà! je viens de repasser chez vous. Que faites-vous donc ici, Monsieur Josse?

MONSIEUR JOSSE. Je faisais voir à Monsieur ce diamant que vous venez d'apporter chez moi.

MONSIEUR SIMON. Quoi! c'est là celui qui...

FRONTIN. Oui! vous vous mettez dans le goût de la pierrerie? Ah! je vous en félicite, je vois bien ce que cela signifie.

MONSIEUR SIMON. Où as-tu pris cela?

FRONTIN. Que cela ne vous embarrasse point: je vous en ferai bon marché, ne vous mettez pas en peine.

MONSIEUR SIMON. Tu m'en feras bon marché, pendard?

FRONTIN. Comment donc, pendard? Est-ce vous, ou moi, qu'on apostrophe, Monsieur Josse?

MONSIEUR JOSSE. A votre avis, que vous en semble?

FRONTIN. Moi, par ma foi, je ne sais qu'en dire!

MONSIEUR SIMON. Tu me feras bon marché d'un vol que tu m'as fait, infâme?...

FRONTIN. Qu'est-ce à dire? un vol! Oh!... que... écoutez... Eh! fi, Monsieur, je n'aime point ces plaisanteries-là, je vous en avertis! Que diable, si le diamant ne vous accommode pas, il n'y a qu'à me le rendre, je ne suis pas embarrassé de m'en défaire!

MONSIEUR SIMON. Oh! tu n'auras pas cette peine-là, sur mon honneur! Mon cher Monsieur Josse, vous pouvez me laisser la bague, je passerai chez vous, et je reconnaîtrai votre exactitude.

MONSIEUR JOSSE. Je vous baise les mains, Monsieur.

FRONTIN. Monsieur!... Monsieur Josse!... Oh diable! je n'entends point de raillerie; c'est à vous que...

SCÈNE XI

MONSIEUR SIMON   FRONTIN

MONSIEUR SIMON. Oh! ne pense pas à m'échapper, nous avons d'autres comptes encore à vider ensemble.

FRONTIN. Monsieur, commençons par vider celui-là: rendez-moi la bague, ou, la peste m'étouffe, je ferai beau bruit! Et... si...

MONSIEUR SIMON. Là, rassure-toi, ne t'effraie point.

FRONTIN. Cela me ferait damner.

MONSIEUR SIMON. Je ne ferai point d'éclat de cette affaire, je te le promets.

FRONTIN. Vous n'en ferez point? mais j'en ferai, moi!

MONSIEUR SIMON. Je ne veux point te perdre, te dis-je.

FRONTIN. Et moi, je ne veux point perdre ma bague, de par tous les diables!

MONSIEUR SIMON. Parlons doucement. Comment est-elle à toi? D'où vient-elle? Qui te l'a donnée?

FRONTIN. Un gentilhomme de mes amis.

MONSIEUR SIMON. Que tu appelles?

FRONTIN. Monsieur Janot. Connaissez-vous cela?

MONSIEUR SIMON. Tu es un effronté maraud: tu as volé ce diamant à ma femme, et c'est celui qu'elle perdit il y a six semaines!

FRONTIN, *à part.* Du diable! Monsieur Janot aurait-il fait ce tour-là?

MONSIEUR SIMON. Que rumines-tu?

FRONTIN. Que cela ne se peut pas! J'étais tantôt avec lui... chez sa mère... cela ne se peut pas, encore une fois!

MONSIEUR SIMON. Cela est. Je te ferai pendre si tu disputes.

FRONTIN. Je n'y comprends rien.

MONSIEUR SIMON. Venons à présent au reste.

FRONTIN. Monsieur, encore un petit mot sans nous emporter; ou j'ai perdu l'esprit, moi qui vous parle, ou vous l'avez perdu vous-même. Je ne l'ai pas perdu, moi, assurément. *Ergo...*

MONSIEUR SIMON. Oui, je l'ai perdu, moi, de t'avoir, tantôt, sottement confié un billet de mille écus.

FRONTIN. Oh! pour cela, Monsieur, je me suis fort loyalement acquitté de la commission.

MONSIEUR SIMON. Tu es un fripon, passé maître!

FRONTIN. Monsieur...

MONSIEUR SIMON. Je ne te connaissais pas encore.

FRONTIN. N'embrouillons point l'affaire de la bague.

MONSIEUR SIMON. Il me fallait cette aventure pour me détromper.

FRONTIN. Revenons à la bague, je vous prie.

MONSIEUR SIMON. Araminte est là-dedans, tu as mon billet, il faut me le rendre.

FRONTIN. Ne confondons rien, s'il vous plaît.

MONSIEUR SIMON. Il faut me le rendre tout à l'heure.

FRONTIN. Je n'ai point le billet, et vous avez la bague.

MONSIEUR SIMON. Tu me le rendras.

FRONTIN. Vous me la rendrez.

MONSIEUR SIMON. Tu me le rendras.

FRONTIN. Vous me la rendrez.

MONSIEUR SIMON. Oh! tu me le rendras, ou je t'étranglerai, assurément.

FRONTIN. Au secours! miséricorde!

SCÈNE XII

ANGÉLIQUE MONSIEUR SIMON
MARIANNE ARAMINTE MONSIEUR
GRIFFARD LISETTE FRONTIN

LISETTE. Qu'est-ce qu'il y a donc?

ANGÉLIQUE. Qui te fait crier de la sorte?

FRONTIN. Monsieur votre mari, Madame, qui a la fièvre chaude.

MONSIEUR SIMON. Bourreau!

MARIANNE. Mon père!

FRONTIN. Et une fièvre chaude intéressée même. Il me dérobe une bague.

ANGÉLIQUE. Qu'est-ce que cela veut dire?

MONSIEUR SIMON. Cela veut dire que votre diamant est retrouvé, ma femme.

ANGÉLIQUE. Mon diamant?

MONSIEUR SIMON. C'est ce coquin-là qui l'avait volé.

ARAMINTE. Frontin!... Lui?

MONSIEUR SIMON. Lui-même.

FRONTIN. Moi? moi? Vous voyez bien le transport au cerveau. Il n'y a rien de plus clair.

MONSIEUR SIMON. Misérable!

FRONTIN. La! la! la! la!

MONSIEUR GRIFFARD. Ne vous emportez point.

FRONTIN. Si on ne prend garde à lui, il fera quelque sottise.

MONSIEUR SIMON. Coquin! Monsieur le commissaire, il faut pendre ce fripon-là.

MONSIEUR GRIFFARD. Je ferai le dû de ma charge.

LISETTE. Frontin serait pendu? Quel dommage!

FRONTIN. Laisse-moi en repos, toi, avec ton pendu!

ANGÉLIQUE. Mais, qui vous fait penser de lui ce que vous nous dites?

MONSIEUR SIMON. Le diamant que voilà, vraiment: me prenez-vous pour un visionnaire? Il est allé pour le vendre; j'avais fait courir des billets, comme vous savez; l'orfèvre est venu m'avertir. Vous n'aurez pas de peine à le reconnaître. Voyez!

FRONTIN. J'enrage! Il y a de l'apparence à tout ce qu'il dit, et je sais le contraire.

ANGÉLIQUE, bas à Lisette. Lisette?

LISETTE, bas à Angélique. Ce l'est, Madame: il y a là quelque chose que je ne comprends point.

MONSIEUR SIMON. Eh bien! ai-je tort? Qu'en dites-vous?

ANGÉLIQUE. Je dis qu'il ne me paraît point que cela ait jamais été à moi; vous vous méprenez.

FRONTIN. Ah! vivat! j'ai gagné ma cause: allons, Monsieur le commissaire, faites le dû de votre charge, faites rendre à Frontin ce qui lui appartient; vous êtes fort pour les restitutions, vous.

MONSIEUR GRIFFARD. Ouais?

MONSIEUR SIMON. Oh bien! quoi que vous disiez, je m'en croirai plutôt qu'un autre, et je ne me dessaisirai point du diamant.

FRONTIN. Et puisqu'il est ainsi, moi, je vais faire venir la personne à qui il appartient; s'il est écrit qu'il sera perdu pour moi, j'aime mieux qu'il retourne à son vrai maître.

SCÈNE XIII

MONSIEUR SIMON   MONSIEUR GRIFFARD
ANGÉLIQUE   ARAMINTE   MADAME
AMELIN   FRONTIN   LISETTE
MARIANNE

MADAME AMELIN. Un de vos gens vient de me dire que vous me vouliez parler, Madame; je suis accourue tout au plus vite.

FRONTIN. Oh, parbleu! il y a de la fatalité dans tout ceci, et vous venez, tout à propos, pour défendre vos droits, Madame Amelin.

MADAME AMELIN. Qu'est-ce qu'il y a donc? De quoi s'agit-il?

FRONTIN. On vous a pris tantôt une bague? Elle est entre les mains de Monsieur; faites-vous la rendre.

LISETTE. En voici bien d'une autre!

MADAME AMELIN. Elle est entre les mains de Monsieur? Le ciel en soit loué. Je ne suis pas mal-

heureuse, et Monsieur est trop honnête pour vouloir
la retenir.

MONSIEUR SIMON. Quoi! vous soutiendrez que
ce diamant vous appartient, Madame?

MADAME AMELIN. Non, Monsieur, le ciel m'en
préserve!

LISETTE. Madame Amelin...

MADAME AMELIN. J'ai seulement donné, ce matin,
six cents écus dessus à Mademoiselle Lisette, Monsieur.

FRONTIN, *à part*. Oh! pour celui-là, je ne m'y
attendais pas; je ne suis qu'une bête!

MONSIEUR SIMON. A Lisette, six cents écus?

MADAME AMELIN. Oui, Monsieur, la voilà qui
peut vous le dire.

LISETTE. Moi? je n'ai rien à dire: on vous croira
de reste.

MADAME AMELIN. Madame avait affaire d'argent,
j'ai été bien aise de lui faire plaisir.

FRONTIN. Voilà une maudite bague qui causera
quelque révolution!

MONSIEUR SIMON. Eh bien! Madame, que me
direz-vous pour excuser une conduite si blâmable,
dont il faut, malheureusement, que nos meilleurs amis
soient les témoins? Ne rougissez-vous point?

ANGÉLIQUE. Moi? Je rougis de vos manières,
Monsieur; et j'ai honte pour vous, que l'excès de
votre avarice me réduise à mettre en gage mes pierreries; vous m'auriez épargné cette confusion, en me
donnant ce billet de mille écus, dont vous avez fait
présent à Madame.

MONSIEUR SIMON. Je suis trahi!

FRONTIN. Je l'ai donné fidèlement comme vous voyez!

MONSIEUR GRIFFARD. Comment donc? quoi? qu'entends-je? ma femme a reçu un présent de mille écus?

ARAMINTE. Ne vous mettez point en colère, Monsieur; je ne l'ai pris, je vous assure, que pour vous dédommager des deux cents louis que vous avez envoyés tantôt à Madame.

MONSIEUR GRIFFARD. On se moquait de moi... j'ai ce que je mérite.

MONSIEUR SIMON. Vous avez accepté deux cents louis de Monsieur le commissaire, Madame?

ANGÉLIQUE. Oh! je savais bien que vous les rendriez à sa femme, Monsieur.

FRONTIN. La belle chose que la prévoyance!

MADAME AMELIN. Voilà bien du tintamarre, à ce qu'il me semble; mais mes six cents écus? Sera-ce aussi Monsieur qui me les rendra, Madame?

MONSIEUR SIMON. Vos six cents écus, moi?

ANGÉLIQUE. Oh çà! mon fils, point de rancune; payez Madame Amelin, et je vous pardonne l'affaire des mille écus. Ne suis-je pas bonne personne?

MONSIEUR SIMON. Madame! Madame! Vous allez faire un bon conte de cette aventure? Mais...

LISETTE. Ma foi, vous n'avez qu'à charrier droit, si vous ne voulez pas qu'on le sache!

MONSIEUR SIMON. J'enrage! Je crève... Et je renonce à toutes les femmes!

MARIANNE. Lisette, voici Monsieur le chevalier.

SCÈNE XIV

LE CHEVALIER   ANGÉLIQUE   ARAMINTE
MARIANNE   MADAME AMELIN   LISETTE
FRONTIN

LE CHEVALIER. Madame, je viens vous dire que...

MADAME AMELIN. Ah! te voilà donc, bon vaurien?
Je t'attendais pour te régaler! Tu viens m'amuser avec
des contes et tu me fais de belles affaires, vraiment!

LE CHEVALIER. Madame...

MARIANNE. Elle lui parle bien familièrement,
Lisette?

FRONTIN. Monsieur Janot aura aussi son fait. La
maudite bague!

ARAMINTE. Qu'est-ce que cela signifie?

MADAME AMELIN. Ce que cela signifie? Vous
voyez bien ce petit garnement-là? C'est mon fils,
Madame, afin que vous le sachiez.

ANGÉLIQUE. Quoi! Monsieur le chevalier...

MADAME AMELIN. C'est Janot, Madame, dont je
vous ai tant parlé ce matin.

ANGÉLIQUE. Monsieur le chevalier, Janot...

ARAMINTE. Elle extravague, ma mignonne, cela
ne se peut pas!

MADAME AMELIN. Qu'est-ce à dire? Cela ne se
peut pas? Oseras-tu dire le contraire? Réponds.

LE CHEVALIER. Que voulez-vous que je vous
réponde? Vous avez voulu me perdre, et vous réus-
sissez à merveille.

MADAME AMELIN. Vraiment oui, te perdre! Voilà
de beaux mystères! Tu seras peut-être cause que je

perdrai six cents écus, toi, et tu crois que je songe à des balivernes?

ANGÉLIQUE. Vous êtes le fils de Madame Amelin?

MARIANNE. Et vous n'êtes point un vrai chevalier?

LE CHEVALIER. Je suis au désespoir...

ANGÉLIQUE. Par où méritait-elle, Monsieur Janot, que vous voulussiez la tromper?

MADAME AMELIN. Comment donc la tromper? Trédame! Monsieur Janot, puisque Monsieur Janot y a, aura, quand je le voudrai, une bonne charge de vingt mille écus, que je lui mettrai sur la tête.

ANGÉLIQUE. Vingt mille écus, Madame Amelin?

MADAME AMELIN. Oui, Madame, vingt mille écus, quand je perdrais ceux que je vous ai donnés, encore!

FRONTIN. Comment diable!

ANGÉLIQUE. Avez-vous du penchant pour lui, Marianne?

MARIANNE. Quand il n'aurait pas les vingt mille écus, je ne l'en aimerais pas moins, je vous assure.

LISETTE. La pauvre enfant!

ANGÉLIQUE. Et moi, je vous promets de trouver les moyens de faire consentir votre père à ce mariage.

LE CHEVALIER. Ah! Madame...

ARAMINTE. Trouve donc aussi le secret de faire ma paix avec mon mari?

ANGÉLIQUE. Je me chargerai de tout.

FRONTIN. Ma foi, nous sommes plus heureux que sages!

LISETTE. Hors les maris, tout le monde sort toujours bien d'intrigue. Par ma foi, si les hommes donnaient à leurs femmes ce qu'ils dépensent pour leurs maîtresses, ils feraient mieux leurs comptes de toutes manières!

CAMBRIDGE
PLAIN TEXTS

～～

The following Volumes are the latest
additions to this Series:

English

LANCELOT ANDREWES. Two Sermons.
With a Note by J. Butt and G. Tillotson.

JONSON. The Sad Shepherd.
With a Note by L. J. Potts.

GOWER. Selections from *Confessio Amantis.*
With a Note by H. S. Bennett.

French

MOLIÈRE. La Critique de l'École des Femmes
and L'Impromptu de Versailles.
With a Note by A. Tilley.

RONSARD. L'Art Poétique *and* Cinq Préfaces.
With a Note by J. Stewart.

German

HOFFMANN. Der Kampf der Sänger.
With a Note by G. Waterhouse.

LESSING. Hamburgische Dramaturgie I.
LESSING. Hamburgische Dramaturgie II.
With a Note by G. Waterhouse.

Spanish

OLD SPANISH BALLADS.
With a Note by J. P. Howard.

VILLENA: LEBRIJA: ENCINA. Selections.
With a Note by I. Bullock.

COMPLETE LIST

Each volume consists of 50–80
by a short biographical

BOUND IN

English

ANDREWES, LANCELOT. Two Sermons.
BACON. The Advancement of Learning. Book I.
BYRON. The Vision of Judgment.
CARLYLE. The Present Time.
DONNE. Sermons XV and LXVI.
FULLER. The Holy State (II, 1–15).
GOLDSMITH. The Good-Natur'd Man.
GOWER. Selections from *Confessio Amantis*.
HENRYSON. The Testament of Cresseid.
HOOKER. Preface to *The Laws of Ecclesiastical Polity*.
JOHNSON. Papers from *The Idler*.
JONSON. The Sad Shepherd.
MONTAIGNE. Five Essays, translated by John Florio.
SPENSER. The Shepheards Calender.

French

BOSSUET. Oraisons Funèbres.
DE MUSSET. Carmosine.
DESCARTES. Discours de la Méthode.
DIDEROT. Paradoxe sur le Comédien.
DUMAS. Histoire de mes Bêtes.
GAUTIER. Ménagerie Intime.
HUGO, VICTOR. Eviradnus *and* Ratbert (*La Légende des Siècles*).
LA BRUYÈRE. Les Caractères, ou les Mœurs de ce Siècle.
LAMARTINE. Méditations.
MICHELET. Saint-Louis.
MOLIÈRE. L'Amour Médecin *and* Le Sicilien.
MOLIÈRE. La Critique de l'École des Femmes *and* L'Impromptu de Versailles.
MONTALEMBERT. De l'Avenir Politique de l'Angleterre.
PASCAL. Lettres Écrites à un Provincial.
RONSARD. L'Art Poétique *and* Cinq Préfaces.
VAUVENARGUES. Réflexions et Maximes.

small octavo pages of text, preceded
note on the author
LIMP CLOTH

German

GRILLPARZER. Der Arme Spielmann *and* Erinnerungen an Beethoven.
HERDER. Kleinere Aufsätze I.
HOFFMANN. Der Kampf der Sänger.
LESSING. Hamburgische Dramaturgie I.
LESSING. Hamburgische Dramaturgie II.

Italian

ALFIERI. La Virtù Sconosciuta.
GOZZI, GASPARO. La Gazzetta Veneta.
LEOPARDI. Pensieri.
MAZZINI. Fede e Avvenire.
ROSMINI. Cinque Piaghe.

Spanish

BOLÍVAR, SIMÓN. Address to the Venezuelan Congress at Angostura, February 15, 1819.
CALDERÓN. La Cena de Baltasar.
CERVANTES. Prologues and Epilogue.
CERVANTES. Rinconete y Cortadillo.
ESPRONCEDA. El Estudiante de Salamanca.
LOPE DE VEGA. El Mejor Alcalde, el Rey.
LUIS DE LEÓN. Poesías Originales.
OLD SPANISH BALLADS.
VILLEGAS. El Abencerraje.
VILLENA: LEBRIJA: ENCINA. Selections.

SOME PRESS OPINIONS

www.ingramcontent.com/pod-product-compliance
Ingram Content Group UK Ltd.
Pitfield, Milton Keynes, MK11 3LW, UK
UKHW042147280225
455719UK00001B/161

9 781107 613607